Axel Brück

Die Kraft der Heilung

Arun

Hinweis: Die hier vorgestellten und diskutierten Methoden sind nach bestem Wissen und Gewissen dargestellt; die Informationen sollen aber ärztlichen oder psychotherapeutischen Rat und Hilfe nicht ersetzen. Autor und Verlag übernehmen keinerlei Haftung für Schäden, die sich aus dem Gebrauch oder Mißbrauch der in diesem Werk dargestellten Methoden und Theorien ergeben.

Arun-Verlag, Engerda 28, D - 07407 Uhlstädt-Kirchhasel,
Tel.: 036743/233-0, Fax: 036743/233-17,
info@arun-verlag.de, www.arun-verlag.de.
Titelbild: © sgame/Fotolia.
Diagramme, Grafiken: Axel Brück.
Buchgestaltung: Arun-Verlag.
Gesamtherstellung: Hubert & Co., Göttingen.

ISBN 978-3-86663-015-4

Inhaltsverzeichnis

Vorwort

Diejenigen unter den Lesern dieses Buches, die bereits eine meiner anderen Veröffentlichungen gelesen haben, wissen, dass die Megin-Lehre, die Lehre von den drei Kräften, die Grundlage meiner Arbeit bildet. Wer sich damit noch nicht befasst hat, findet in diesem Vorwort eine kurze Zusammenfassung der wichtigsten Punkte, die zum Verständnis dieses Buches beitragen können.

Das Weltbild unserer Vorfahren unterschied sich von dem unseren in vielen wesentlichen Punkten. So kannten sie keine Dualitäten und Polaritäten, sondern Dreiheiten und Ergänzungen. Das klingt zuerst einmal nicht besonders dramatisch. Dennoch lässt diese Grundannahme die Welt so anders aussehen, dass wir es kaum nachvollziehen können, zumal sich unsere Sprache vollständig auf das Denken in Gegensätzen und damit in „Zweiheiten" ausgerichtet hat: Zumindest in diesem Punkt wird unser gesamtes Denken noch von den durch die römischen Invasoren ins Land getragenen philosophischen Ideen der Griechen und die Christianisierung geprägt.

Ebenso wichtig ist die Tatsache, dass wir linear denken und wahrnehmen, in Folgen von Ereignissen und Handlungen, und dass wir uns bemühen, alle Dinge, alle Erscheinungen der Welt isoliert voneinander zu betrachten, während unsere Vorfahren sehr genau wussten, dass Alles mit Allem verbunden ist, und dass die Dinge so ineinander verwoben sind, dass sie sich nicht wirklich voneinander trennen lassen.

Diese drei Vorstellungen, Dreiheit und Ergänzung und Verwebung, bilden den Schlüssel zum Verständnis der Lehre von den drei Kräften.

Eine Vorstellung davon können wir aus einer Betrachtung der Knoten und ineinander verschlungenen Tierdarstellungen der Wikinger, der Kelten und anderer Völker gewinnen! In diesen Bildern werden Dreiheit, Ergänzung und Verwebung als grundlegendes Ordnungsprinzip sichtbar.

Der Walknut, der Welt- oder Schicksalsknoten ist das einfachste und damit zugleich beste Beispiel für die Darstellung dieser Ordnungen: Drei Dreiecke sind so ineinander verwoben, dass sie sich nicht voneinander lösen lassen: Sie bilden eine Dreiheit und ergänzen sich zu einer unauflösbaren Gesamtfigur. Auf diese Weise finden die Grundgesetze des Weltmodells eine ebenso einfache wie einleuchtende Darstellung.

Auch der Weltbaum, das sinnhafte Bild der Welt und ihrer Ordnung besteht aus Dreiheiten, aus drei Ebenen oder Stockwerken, die wiederum in Dreiheiten aufgegliedert sind. Diesen Grundsätzen der Dreiheit, Ergänzung und Verwebung folgt übrigens auch das Muster (oder System) der Runen. Da wir in unserem westlichen Weltmodell an Linearität, Ursache-Wirkung und Kategorisierung als Denkprinzipien gewöhnt sind, fällt das Verständnis dieser Ordnungen erst einmal schwer. Wenn die Hürde jedoch genommen wurde, erscheinen sie als selbstverständlich.

Die wichtigste Folge dieser Bilder besteht darin, dass es keine Gegensätze gibt, sondern nur Ergänzungen. Mann und Frau sind keine Gegensätze. Vielmehr ergänzen sie sich zu einem größeren Ganzen. Liebe und Hass sind keine Gegensätze, sondern nur die äußersten Enden einer einheitlichen Skala von Gefühlen – und so weiter. Mit dem Denken in Gegensätzen entfällt aber auch die in unseren Gedanken automatisch und fast immer unbemerkt stattfindende Bewertung, die Aufteilung in positiv und negativ, in „gut" und „böse": Es gibt keine guten und schlechten, keine positiven oder negativen Erscheinungen der Welt. Wesen, Dinge, Ereignisse, Handlungen: Alles, was es in der Welt gibt, ist einfach wie es ist. Es haften ihm keine Bewertungen an. Wir erzeugen die Bewertungen und Urteile in uns, dem Maßstab unseres eigenen Wohlbefindens folgend, zu dem auch unsere Vorstellungen von „gut" und „böse", von „sicher" und „gefährlich", von „wahr" und „falsch" gehören.

Alles enthält immer sich selbst und auch das, was wir in unserem Denken als Gegensatz empfinden. Das Männliche enthält das Weibliche, das Aktive das Passive, das Weibliche das Männliche und das Passive das Aktive. Das ist nicht verschwommenes Denken! Im Gegenteil: Diese Anordnung entspricht wesentlich besser unseren Beobachtungen der Welt, als die im Vergleich nahezu willkürlichen Kategorisierungen und Gegenüberstellungen unseres Weltbilds.

Eine Anmerkung: Der vorhergehende Absatz enthält eine Wertung, die letzten Endes besagt, dass die Lehre von den drei Kräften besser funktioniert als das in unserer Gesellschaft vorherrschende Weltbild. Für eine solche Wertung gibt es nur einen sinnvollen Maßstab: Wenn wir ein Weltbild als Landkarte betrachten, die uns die Orientierung in der Welt ermöglichen soll, dann gibt es bessere und schlechtere Landkarten. Mit der besseren finden wir uns einfach besser zurecht. Mehr steckt nicht hinter einer solchen Behauptung, die somit für jeden nachprüfbar ist.

Die Lehre von den drei Kräften

Die Lehre von den drei Kräften beruht auf der Beobachtung, dass in der Welt (und damit auch im Menschen) drei Kräfte herrschen, aus deren Wirken und Zusammenspiel sich alle Erscheinungen der Welt verstehen lassen. Diese Beobachtung zieht sich durch alle Ebenen des Seins hindurch: Die Welt besteht aus drei Teilen oder Ebenen (Alltagswelt, Anderswelt, Götterwelt), drei Arten von Wesen, drei Arten von Handlungen, Ereignissen, Erscheinungen...

Die drei Kräfte wirken in mir. Dann heißen sie MEGIN, die inneren Kräfte. Sie bewegen mich, sind meine Antriebskräfte. Sie bilden meine Strategie des Umgangs mit der Welt. Sie sind die Kräfte meiner inneren Freiheit.

Die drei Kräfte befinden sich auch außerhalb von mir in der Welt. Dann heißen sie ÖND, die äußeren Kräfte. Sie formen das große Muster, in das wir alle eingebunden sind.

Soweit ich den Folgen der Handlungen anderer Wesen ausgesetzt bin, wirken die drei Kräfte auf mich, sie bestimmen meinen Freiraum und meine Grenzen. Dann heißen sie ALAG, die auferlegten Kräfte.

Die drei Kräfte bilden das Fundament: In ihnen schlummert die gesamte Welt, ihr Sinn, ihre Ordnung und ihre Schönheit. Um sie verstehen und praktisch anwenden zu können, müssen wir sie jedoch auffalten.

Die Dreiheiten

Der Mensch verfügt über drei Ebenen oder Arten des Wahrnehmens. Dabei ist das Wahrnehmen nicht nur und notwendigerweise auf Dinge (materielle Erscheinungen der Welt) beschränkt. In veränderten Bewusstseinszuständen unterschiedlichster Art nehmen wir Dinge wahr, die in der Alltagswelt keine Entsprechungen haben. Aber auch unser Denken selbst und unser Empfinden ist Gegenstand von Wahrnehmung.

Wahrnehmung ist nicht nur dadurch bestimmt, was unsere Sinnesorgane aufnehmen können. Wir verfügen noch über andere Wahrnehmungsarten, zum Beispiel für Empfindungen (Emotionen) und Gedanken.

Wahrnehmen heißt immer, bewusst wahrnehmen. Wahrnehmen heißt, etwas in unsere bewusste Aufmerksamkeit zu rücken. Deshalb ist das zentrale Organ unserer Wahrnehmung auch das Bewusstsein, das auf drei Ebenen operiert.

Den drei Antriebskräften des menschlichen Handelns entsprechend gibt es drei Arten der Wahrnehmung. Die Antriebskräfte werden von den Psychologen als Sinntrieb, Lusttrieb und Machttrieb bezeichnet. Sie befriedigen die drei Grundbedürfnisse des Menschen nach einem Gefühl der Sicherheit (Machttrieb), physischem und psychischem Wohlbefinden (Lusttrieb) und der persönlichen Erkenntnis des Sinns der Existenz (Sinntrieb). Die drei Formen der Wahrnehmung richten sich auf die drei Teile der Welt: Alltagswelt, Anderswelt und Götterwelt.

Die psychologischen Begriffe Sinntrieb, Machttrieb und Lusttrieb sind jedoch viel zu eng gefasst:

1. Die Triebkräfte wirken ja nicht nur im Menschen (MEGIN), sondern auch außerhalb, in der Welt (ÖND) und auf den Menschen (ALAG). Sie entsprechen den drei Ebenen oder Möglichkeiten der Weltwahrnehmung. Daraus folgt, dass sie die drei grundlegenden Kräfte sind, die in der Welt wirken:

Die Welt entsteht in der Wahrnehmung und durch die Wahrnehmung. Deshalb hat jedes Lebewesen einerseits seine eigene Welt, und andererseits erschafft die kollektive Wahrnehmung aller Lebewesen die Welt in ihrer Gesamtheit.

2. Die drei Ebenen oder Formen der Wahrnehmung kulminieren in Verstand, Vernunft und Einsicht. Diese Wahrnehmungsformen laufen nicht ins Leere. Wie der Mensch, so besteht auch die gesamte Welt aus den Gegenständen dieser Wahrnehmung, aus Körper, Geist und Seele – oder Tod, Lust und Liebe (den Entsprechungen der Antriebskräfte).

Was wir wahrnehmen können, hängt von den Gegenständen der Wahrnehmung ab (also von den Erscheinungen in der Welt), und die Erscheinungen der Welt entstehen wiederum aus der Wahrnehmung und den Formen der Wahrnehmung.

Unser Problem besteht darin, dass wir durch unsere kulturelle Prägung so auf einen einzelnen Bereich dieser Wahrnehmung fixiert sind (wie andere Kulturen auf andere Bereiche), dass wir nur den Ausschnitt der Welt wirklich wahrnehmen können, der dem Verstand zugänglich ist, nicht aber die Teile, auf die Vernunft und Einsicht zielen. Deshalb auch haben wir „modernen, zivilisierten Mitteleuropäer" so große Schwierigkeiten zu verstehen, was es mit der Anderswelt auf sich hat, mit der Frage nach der Existenz der Götter, oder mit der schlichten Einsicht, dass Wissenschaft, Magie und Glaube nicht drei konkurrierende, sondern sich ergänzende Arten des Umgangs mit der Welt darstellen, die zwar untrennbar zusammenhängen, sich aber nicht vermischen oder ineinander auflösen lassen!

Um endgültig deutlich werden zu lassen, was es mit diesen Vorstellungen auf sich hat, will ich versuchen, sie ohne die für uns so wichtige Argumentation und Begründung einfach als Bild zu schildern:

Die Kraft Liebe

Die Psychologen verstehen unter der Kraft Liebe den „Drang zum Numinosen". Die schamanische Bezeichnung „Liebe" trifft jedoch viel besser. Das Problem besteht bei dieser Kraft darin, dass uns die Sprache vollends im Stich lässt: Es mangelt uns an Konsens über die „Inhalte" dieser Kraft und deshalb auch am geeigneten Vokabular. Dennoch ist die Kraft der Liebe ebenso eindeutig benennbar wie die beiden anderen Kräfte. Das Problem liegt in uns, in unserer durch die geschichtliche Entwicklung geprägten Sprache: Schon allein deshalb, weil der „Gott" der christlichen Religionen in der Theologie so weit vom alltäglichen Leben und von der Welt abgehoben wurde, fehlen uns die sprachlichen Mittel (und nicht nur diese), um mit dieser Kraft so umzugehen, wie es ihrer alltäglichen und tatsächlichen Präsenz in der Welt entspricht.

Die Liebe zielt auf den Sinn: Ohne Gott (in welcher Form auch immer) macht die Welt keinen Sinn, sie könnte ohne ihn gar nicht existieren. Auch wir Menschen können ohne diesen Sinn nicht existieren: Die Sinn-Wahrnehmung ist in uns ebenso wie die Wahrnehmung der beiden anderen Kräfte enthalten und daher auch die tiefe Gewissheit, dass dieser Sinn tatsächlich vorhanden ist. Wenn Menschen sich nicht mehr erlauben, den Sinn der Welt und des Lebens (und ihrer eigenen Existenz) selbst und direkt wahrzunehmen und nicht einmal mehr an ihn glauben können, dann erscheint das Leben eben sinnlos – und die Orientierung in der Welt geht verloren.

Der Sinn steckt ja nicht in der Welt als „abgehobener" Gott, an den man glauben kann oder nicht, so wie er uns von der Theologie der christlichen Kirchen vorgeführt wird. Der Sinn ist eine der drei Kräfte und damit untrennbarer Bestandteil jeder Erscheinung der Welt. Wir sind in jedem Augenblick und in jeder Lebensäußerung mit ihm ebenso konfrontiert wie mit den beiden anderen Kräften – und wir können ihn ebenso wahrnehmen. So wie zur Kraft Tod die Wahrnehmung des Wissens und zur Kraft Lust die Wahrnehmung der Weisheit gehört, so gehört zur Kraft Liebe die Wahrnehmung der Einsicht. Unser Handwerkszeug für den Umgang mit dem Sinn ist nicht die Deduktion, sondern die Emotion, nicht die Reduktion, sondern das Vertrauen und nicht das Experiment, sondern die (Vor)-Ahnung und das Eins-Sein mit der Welt.

Die Liebe zu uns selbst und zum Anderen entsteht durch die Einsicht darin, dass die Welt einen Sinn hat und dass auch unsere Existenz diesen Sinn teilt: Die Zusammengehörigkeit alles Lebendigen ist die Liebe, und wir lieben in uns, im Anderen und in der Welt uns selbst ebenso wie den Sinn: Wenn die Welt und die Existenz keinen Sinn hätte, könnten wir sie nicht lieben – und wenn wir die Welt und unser Leben nicht lieben können, dann können wir auch weder uns selbst noch den Anderen lieben. Dass die Welt einen Sinn hat und dass wir deshalb die Welt und den Sinn in ihr lieben, heißt nicht zu glauben, dass die Welt uneingeschränkt schön und wohlgeordnet ist: Wir, die Gesamtheit aller Lebewesen, haben die Aufgabe, die Welt zu schaffen und zu vollenden – und so unvollkommen wie wir ist auch der derzeitige Zustand der Welt. Sinn und Liebe erschaffen sich durch uns – die Lebewesen der Welt – ständig neu.

Die Kraft Lust

Die schamanische Bezeichnung „Lust" für diese Kraft macht bereits deutlich, dass sie mehr enthält als den sexuellen Antrieb. Die Psychologen meinen mit Sexualtrieb ja eigentlich nur den Fortpflanzungstrieb und dessen Ausprägung im Handeln. Lust ist jedoch viel mehr, ebenso wie die Sexualität mehr ist als nur ein Ausdruck des Fortpflanzungstriebs: Die Lust am Leben und an der Welt, das „animalische Wohlsein" als die Freude am lebendigen Sein, die Freude (und Lust) an der Schönheit des Seins und der Welt sind Aspekte dieser Kraft: Jeder Mensch spürt diese Form der Lust wenigstens hin und wieder, und die Lust am Anderen gehört mit hierher, denn sie ist eben nur zum Teil Ausdruck des Antriebs zur Fortpflanzung. Zum anderen und wahrscheinlich sogar größeren Teil ist sie Ausdruck der Lust und der Freude an der Welt, die sich für uns Menschen am leichtesten und deutlichsten im Verhältnis zum Anderen manifestieren kann, in der Lust in ihrer Ausprägung der Sexualität.

Natürlich lassen sich die einzelnen Elemente dieser Kraft nicht voneinander trennen, denn es ist eine Kraft: Der Antrieb zur Fortpflanzung hält die Welt in Gang und erlaubt erst ihre Entwicklung, ebenso wie die Kreativität, die Lust am Schöpferischen im Allgemeinen. Deshalb könnte unsere Lust an der Welt nicht ohne ihn sein, und die Lust an der Welt und am lebendigen Sein schließt ein, dass man diese Geschenke oder Schönheiten weitergeben und vielleicht sogar noch verstärken möchte: Wir leben in unseren Nachkommen fort, schenken ihnen die Lust an der Welt – und so wie geteiltes Leid halbes Leid ist, ist geteilte Lust doppelte Lust: Die Lust blüht nicht im Verborgenen und ist keine Kraft des Einzelnen, sondern eine Kraft der Gemeinschaft und des In-der-Welt-Seins.

Alle Lebewesen hängen am Leben und wollen lebendig sein, weil das Leben (manchmal trotz allem) schön und deshalb lebenswert ist – es ist die Lust, die uns lebendig hält und die uns einen Maßstab des Handelns gibt. Weil die Kraft der Lust diese Rolle in uns spielt, ist sie auch der Schlüssel zu wesentlichen Teilen unseres Verhaltens: Die christlichen Kirchen kontrollieren die Sexualität ihrer Anhänger in einer monomanen Weise, weil die Beherrschung der Lust Anderer das ideale Unterdrückungswerkzeug ist: Menschen, denen Schuldgefühle aufgezwungen werden, sind leicht zu beherrschen. Politische Machtapparate arbeiten in unserer Zivilisation mit der Unterdrückung durch die Kräfte des Todes: Macht in Form des Geldes spielt in unserem Gemeinwesen die Ausschlag gebende Rolle. Religiöse Machtapparate benutzen die Kraft des Todes, um die Lust zu unterdrücken.

Die mit der Lust verbundene Form der Wahrnehmung mit ihren Kommunikationsmitteln Kunst, Ritual und Zeremonie ist auch das Instrument der „visuellen Philosophie" und somit das geeignete Instrument, die Lehre von den drei Kräften zu begreifen und anzuwenden: Auch die Lust an der Welt erlaubt es, sie zu verstehen, nicht nur der Drang, sie zu beherrschen!

Die Kraft Tod

Die schamanische Bezeichnung „Todkraft" steht für den Machttrieb: Der Machttrieb entsteht aus Angst, der Angst vor der Welt, vor dem Unbekannten und Unerwarteten, vor dem, was uns zustoßen könnte, dem Unkontrollierbaren, gleich ob es aus der Welt, von anderen Lebewesen oder von Menschen kommt – und der Tod ist die Quelle der ultimativen Angst.

Der Machttrieb entsteht aus der Angst, weil wir Menschen Dinge und Lebewesen beherrschen wollen, um die von ihnen potentiell ausgehende Bedrohung unter Kontrolle zu haben und damit auszuschalten.

Der Machttrieb kann zwei Formen annehmen: Auf der einen Seite äußert er sich in dem Drang nach Wissen. Wir wollen unser Wissen vermehren, weil wir damit die Menge des Unbekannten verringern können – und damit die potentielle Bedrohung durch das Universum. Deshalb ist Wissen Macht und deshalb entsteht der Drang nach Wissen auch aus der Angst.

Auf der anderen Seite ist Macht die tatsächliche Ausübung von Gewalt über Dinge und Lebewesen (also auch über andere Menschen). Diese Gewalt üben wir in vielfältiger Form aus: Wir machen uns die Erde – getreu dem Bibelspruch – untertan und vergewaltigen sie damit in Formen, deren Folgen jetzt langsam deutlich werden. Wir behandeln Tiere und Pflanzen als unser Eigentum und üben damit eine sehr brutale Form von Gewalt aus. Auch mit unseren Mitmenschen gehen wir nicht besser um: Politisch und wirtschaftlich beuten wir andere Völker aus, um unseren Wohlstand zu wahren und zu mehren. Auch andere Völker tun dies mit wieder anderen (wenn das auch keine Entschuldigung für uns sein kann).

Unsere westliche Zivilisation ist auf Macht aufgebaut: Wissenschaft und Technik zur Beherrschung des Universums, Kapital und militärische Macht zur Beherrschung unserer Mitmenschen, das Geld als Gestalt gewordene Macht zur Beherrschung des Individuums – das ist auf der negativen Seite unser Beitrag zum Verständnis der Welt und zum Umgang mit ihr.

Auf der positiven Seite können wir für uns verbuchen, dass Wissenschaft und Philosophie als Wahrnehmungs- und Umgangsformen für einen Drittel-Teil der Welt von unserer Zivilisation „erfunden" und zu einem Höchststand gebracht wurden. Allerdings stammt auch der fehlgeleitete „Alleinvertretungsanspruch" dieser Weltsicht von uns.

Die Kraft Tod in ihrer Form als Machttrieb beherrscht uns zu einem Drittel, er sichert unser Überleben und stellt einen wesentlichen Teil unseres Umgangs mit der Welt dar, denn er wirkt natürlich nicht nur in uns, sondern auch außen in der Welt. Deshalb auch brauchen wir dieses Drittel, ohne Macht in der Form des Wissens und des Handelns können wir in der Welt nicht überleben. Die Ausübung von Macht (und damit Gewalt) ist überlebenswichtig. Allerdings zeigt uns unsere Geschichte, dass die beiden anderen Kräfte gleichgewichtig vertreten sein müssen, weil die Todkraft sonst destruktiv wird und tatsächlich nicht den Schutz, sondern die Vernichtung nach sich zieht, wenn sie übergewichtig wird.

Die Lehre von den drei Kräften und das Thema Heilung

Die Dreiteilung des Selbst in Körper, Geist und Seele spielt beim Verständnis des Themas Heilung eine ebenso wichtige Rolle, wie die Dreiteilung der Welt in das Materielle, das Magische und das Göttliche. In jedem Menschen sind die drei Antriebskräfte präsent, sie bestimmen nicht nur sein gesamtes Wahrnehmen, Denken, Entscheiden und Handeln, sondern damit auch seine Verhaltensstrategien. Weil in jedem Menschen gewöhnlich eine der drei Kräfte stärker ausgeprägt ist als die beiden anderen, wird er eine Affinität zu „seiner" stärkeren Kraft haben und deshalb auch in einer bestimmten Weise auf Heiler, Diagnosen und Therapien reagieren. – Aber damit sind wir schon mitten im Thema dieses Buches.

Einleitung

Gesundheit und Krankheit bestimmen sich dadurch, wie wir das Muster bewerten, in dem wir uns in diesem Augenblick unserer Existenz befinden. Heilung heißt demgemäß entweder, mit tauglichen Mitteln das Muster selbst in ein erstrebenswerteres zu verwandeln, oder aber, unsere Bewertung des Musters zu verändern – oder sogar beides zugleich.

„Gesundheit ist ein Zustand vollkommenen körperlichen, geistigen und sozialen Wohlbefindens und nicht nur die Abwesenheit von Krankheit oder Gebrechen."

Das ist die offizielle Definition von „Gesundheit", so wie sie in der Verfassung der WHO (Weltgesundheitsorganisation) vom 22.7.1946 nachgelesen werden kann.

Mit dieser Feststellung handeln wir uns gleich zu Anfang ein handfestes Problem ein: Eine Definition, in der das Wort „vollkommen" oder „Vollkommenheit" vorkommt, weist uns unmittelbar darauf hin, dass der beschriebene Zustand ein Idealbild darstellt, hinter dem die Praxis, das tägliche Leben, immer zurückbleiben wird.

Sind wir also tatsächlich eigentlich alle krank und bemerken es gewöhnlich nur nicht, wie manche Mediziner zynisch behaupten („Gesundheit ist das Schweigen der Organe.")? Oder sollten wir uns an den Deutschen Bundesgerichtshof halten, der in einem Urteil vom 21.3.1958 festgelegt hat: „Krankheit ist jede Störung der normalen Beschaffenheit oder der normalen Tätigkeit des Körpers, die geheilt, d.h. beseitigt oder gelindert werden kann." Demnach wären nicht heilbare Störungen also keine Krankheit – und alles, was nicht den Körper betrifft auch nicht. Deshalb scheint mir diese Definition ebenso wenig tauglich wie die der WHO.

Versuchen wir es doch einfach mal selbst: Was ist Gesundheit, was ist Krankheit, Heilung, Genesung? Wie funktioniert Heilung, worauf richtet sie sich, von wem kann Heilen kompetent ausgeübt werden und, und, und?

Eigentlich gehören diese grundsätzlichen Fragen gar nicht zum Thema eines Buches über Heilung. Doch ohne klare Antworten, ohne sicheres Fundament wird der gesamte Überbau schwanken und wenig haltbar sein.

Aber wo liegt eigentlich das Problem? Während ich dies schreibe, bin ich gerade krank. Meine Nase läuft, ich bin heiser, habe einen wolligen, dicken Kopf, ein wenig Temperatur und so weiter... Mit einem Wort: ich fühle mich krank – und bin krank.

Leider ist es nicht immer so einfach. Es könnte ja durchaus sein, dass ich mich richtig rundum wohl fühle, aber mein Arzt sagt mir, bedenklich den Kopf schüttelnd: „Ihre Leberwerte (oder irgendwelche anderen Werte) sehen überhaupt nicht gut aus. Wenn wir nicht umgehend etwas tun, dann sieht es ziemlich schlecht aus...". Bin ich in diesem Fall krank, weil mein Körper nicht so funktioniert, wie er es sollte, oder gesund, weil ich mich nicht krank fühle, oder hat mein Arzt ein teures Bauherrenmodell, das irgendwie finanziert werden muss? Außerdem gibt es ja, um die Sache vollends kompliziert zu machen, auch die Fälle, in denen sich jemand krank fühlt, während ihm jeder Arzt attestieren würde, dass ihm nichts fehlt. Und wie steht es mit Jemandem, der an altersbedingten Beschwerden leidet? Ist Alter eine Krankheit – oder doch eher ein „Normalzustand"?

Früher einmal haben die Psychologen versucht, Krankheit als Abweichung von der Norm zu definieren – und sich damit jede Menge theoretischer und praktischer Probleme eingehandelt. Heute würden sie eher dazu neigen, verschiedene Zustands- und Verhaltensmuster zu beschreiben und zu sagen, dass ein solches Muster dann behandlungsbedürftig ist, wenn die aus ihm entstehenden Folgen die Lebensqualität beeinträchtigen. Aus dieser Art mit Krankheit umzugehen, entstanden zahllose Witze, die alle dem gleichen Schema folgen:

Ein Mann sagt zu seinem Freund: „Weißt Du, so langsam wird mir das richtig unangenehm. Die Leute starren mich so an, wenn ich durch das Einkaufszentrum fliege, wirklich peinlich. Ich muss dringend mal was unternehmen. Ich werde mal zum Therapeuten gehen!" Nach einigen Wochen treffen sich die beiden wieder und der Freund fragt: „Du siehst richtig gut aus! Glaubst Du jetzt nicht mehr, Du wärst ein Flugzeug?" Der Mann guckt ganz erstaunt und antwortet: „Wo denkst Du hin? Natürlich bin ich ein Flugzeug und ich fliege immer noch durchs Einkaufszentrum. Aber die komischen Reaktionen der Leute machen mir jetzt gar nichts mehr aus."

Nun ja. Wir könnten dieses Spiel noch weiter treiben und uns in den Untiefen der Definitionen verirren. Halten wir stattdessen fest: In dem Wort „Krankheit" steckt eine Bewertung, die – wie jede Bewertung – subjektiv ist und deshalb eine übereinstimmende Definition verhindert. Versuchen wir es also einfach mal anders:

> Jedes menschliche Wesen kann in jedem Augenblick seines Lebens in unterschiedlichen Konfigurationen oder Mustern existieren. Eines oder auch mehrere dieser Muster fühlen sich für das Selbst „gut" an, andere aber nicht. Wenn wir uns in einem der „guten" Muster befinden, fühlen wir uns gesund, in einem der anderen Muster fühlen wir uns krank. Dabei spielen nicht nur die Muster unseres Selbst eine Rolle, sondern auch die Muster der Welt um uns herum: Ist das Wetter grau und trüb, werden manche eher auf ihre Wehwehchen horchen und sich krank fühlen als an einem perfekten Frühlingstag mit blühenden Pflanzen, dahinsegelnden Schäfchenwölkchen und Vogelgezwitscher. Die Muster unseres Selbst bestimmen außerdem darüber, wie sehr wir an unserem Leiden leiden.

Als ich 40 wurde, sagte mein Vater zu mir: „Wart's nur ab. Wenn Du erst mal über 50 bist und du wachst morgens auf und dir tut nichts weh, dann bist du tot." Goethe, unser großer Dichter, formulierte es anders: „Als ich jung war, waren alle meine Glieder gelenkig, bis auf eins. Jetzt wo ich alt bin, sind alle meine Glieder steif, bis auf eins."

Manche Menschen nehmen zum Beispiel altersbedingte Beschwerden gelassen hin, minimieren sie durch ihre Lebensweise soweit möglich und gehen mit dem unvermeidlichen Rest gelassen um. Andere dahingegen leiden daran, dass sie leiden, sie lehnen sich gegen das Unvermeidliche auf, es geht ihnen schlecht – und sie fühlen sich schlecht. Eine andere Bewertung ihres Zustands würde in diesem Fall den Zeiger von „schlecht" auf „normal" (wenn schon nicht „gut") verschieben – und wir würden uns tatsächlich besser fühlen, auch wenn sich an dem augenblicklichen Muster unserer Existenz nichts Anderes geändert hat.

Wer allerdings mit einem gebrochenen Bein im Bett liegt, wird sich eher fragen, was es an diesem Zustand mit seinen Schmerzen, Bewegungseinschränkungen und so weiter denn groß zu bewerten gibt. Wir wünschen uns in diesem Augenblick nichts mehr als gesunde, bewegliche Beine – und die richtige Anzahl davon. Dennoch: Was uns zur Heilung drängt, ist die Bewertung des Zustands, den wir als unerträglich empfinden.

Als wie krank wir uns empfinden, hängt nicht nur von den Umständen (der Verletzung, der Behandlung und so weiter) ab, sondern auch von unserer inneren Gelassenheit.

Ich kann mich jetzt gegen Gott und die Welt auflehnen, in mich hineinhorchen und jeden einzelnen Schmerz als persönlichen Affront der Welt gegen mich empfinden. Ich kann mir zusätzliche Sorgen machen, indem ich alle nur denkbaren, jemals in der Medizingeschichte vorgekommenen Komplikationen Revue passieren lasse, indem ich sie durchleide, bevor sie wahrscheinlich überhaupt gar nicht auftreten, ich kann mir Sorgen um meine Karriere, Verdienstausfall, Folgeschäden und alles nur denkbare Andere machen, ich kann mich so in die Krankheit hineinsteigern, dass die Welt zum Jammertal und ich zu einem bejammernswerten Opfer des blinden Schicksals werde.

Allerdings kann ich die Krankheit auch gelassener hinnehmen: Natürlich leide ich, weil ich Schmerzen habe und unbeweglich bin. Aber ich weiß ja, dass sich dieser Zustand wieder ändern wird (und dass es zumindest teilweise an mir liegt, wie schnell und komplikationslos das geht). – Und ich habe etwas, das ich sonst eher selten habe, nämlich die Muße, darüber nachzudenken, wohin ich denn hüpfen will, wenn ich wieder hüpfen kann.

Sicher habe ich das hier ironisiert und übersteigert dargestellt, aber das Prinzip stimmt:

> Gesundheit und Krankheit bestimmen sich dadurch, wie wir das Muster bewerten, in dem wir uns in diesem Augenblick unserer Existenz befinden. Heilung heißt demgemäß entweder, mit tauglichen Mitteln das Muster selbst in ein Erstrebenswerteres zu verwandeln, oder aber, unsere Bewertung des Musters zu verändern – oder sogar beides zugleich.

Das klingt erst einmal recht banal. Aber wir werden sehen, dass diese Begriffsbestimmung ziemlich weit reichende Folgen für das Verständnis von Heilung haben wird. – Jedenfalls, wenn wir verstehen was es mit dem Selbst und den Mustern auf sich hat.

Statt an dieser Stelle in tiefgründige philosophische Betrachtungen zu verfallen, möchte ich ein Bild beschreiben, ein Bild, das eigentlich den Schamanen gehört, obwohl Teile davon schon längst zum Allgemeingut unserer Vorstellung von der Welt geworden sind:

Die Welt ist ein Großes Muster, in dem Alles mit Allem zusammenhängt. Jedes Wesen in ihr, jedes ihrer Teile von den kleinsten subatomaren Partikelchen bis hin zu den Sonnen, den Galaxien, ist in diesem Muster mit jedem anderen verbunden. Alles, was in der Welt geschieht, jedes Ereignis, jede Handlung, jede Bewegung zupft an diesem Netz, verändert es und die Veränderungen breiten sich wie sich abflachende kreisförmige Wellen im gesamten Netz aus, eigentlich unbegrenzt weit, aber praktisch bald nicht mehr wahrnehmbar. All dieses Zupfen, das geschäftige Summen der Lebendigkeit, formt den Tanz des Großen Musters und so trägt jede kleinste Bewegung zur ständigen Erschaffung der Welt bei. Denn die Welt ist ja nicht fertig, kein statisches Gebilde. Sie entsteht seit ihrem Anbeginn, sie entsteht gerade jetzt und wir alle tragen dazu bei, dass sie entsteht und vor allem dazu, wie sie sich formt. Alle und Alles sind Bestandteile dieses Großen Musters, alle Wesen, Tiere, Pflanzen, Steine, Elementarwesen, kleine Leute, wir Menschen und auch die Götter selbst, Körper, Geist und Seele, Empfindungen, Gedanken, Wahrnehmungen: All das ist Teil der Welt, all das ist die Welt. So tragen wir alle, jeder nach seinem Vermögen und der Reichweite seiner Kraft dazu bei, dass die Welt ist, wie sie ist. Niemand kann sich aus dieser Verantwortung und dieser Chance fortstehlen.

Jeder Einzelne von uns hat seinen Platz in diesem Großen Muster, in diesem Tanz, der die Welt ist und der sie zugleich erschafft.

Deshalb auch ist jedes Wesen der Welt einerseits von der Welt verschieden und unterscheidet sich damit vom Rest der Welt. Andererseits ist es mit der Welt eins und daher nicht von ihr verschieden. Das Selbst ist zugleich eins und getrennt. Das macht sein Wesen aus.

So kann jeder von uns auch in diesem Großen Muster leben, eins sein mit ihm und zugleich als Getrenntes von ihm an der ständigen Erschaffung der Welt teilhaben. Wer das tut und weiß, dass es so ist, erfährt beides, das Große Muster um ihn herum, das Große Muster in ihm und sein eigenes Muster als nur ihm eigen und zugleich Teil des Musters der Welt.

> Deshalb gibt es drei Möglichkeiten, Krankheit oder sogar den Tod durch unseren inneren Zustand herbeizuführen oder geschehen zu lassen: Durch die Auflösung der gleichgewichtigen Dreiheit von Körper, Geist und Seele, durch die Aufhebung oder Verleugnung des Eins-Seins mit der Welt, oder durch die Aufhebung oder Verleugnung des Getrennt-Seins von der Welt.

Natürlich können Krankheit und Tod immer und überall von außen auf uns eindringen, aber auf die beschriebene Weise öffnen wir uns ihnen und laden sie nachgerade ein. Unsere heutige Gesellschaft ist eine im Kern kranke Gesellschaft, weil wir kollektiv und zum großen Teil auch individuell diese inneren Zustände herbeigeführt und zugelassen haben: Die Dreiheit von Körper, Geist und Seele haben wir aufgelöst, weil es in unserem vorherrschenden materialistischen Weltbild nur noch den Körper gibt, während Geist und Seele als Produkte einer überhitzten Phantasie abgetan werden. Zugleich haben wir die Besonderheit unseres Seins verleugnet, indem wir uns ausschließlich als von der Welt abgetrennt wahrnehmen und nicht als zugleich getrennt und eins.

Damit haben wir nach dem schamanischen Verständnis der Welt eigentlich alles getan, um Krankheit und Tod Tür und Tor zu öffnen – und in der Tat ist unsere Gesellschaft krank und so langsam bemerken sogar unsere Politiker, dass es so nicht mehr weitergehen kann.

Für ein Individuum gilt ebenso, dass es in Zeiten des Ungleichgewichts zwischen Körper, Geist und Seele, in Zeiten des Verlusts oder der Schwächung unserer Einbindung in das Große Muster entweder für Krankheit und Tod anfälliger wird, oder dass eine Heilung schwieriger, manchmal sogar unmöglich wird. So besteht eine wesentliche Aufgabe der Heiler, der Schamanen, Hexen, Priesterinnen und Priester (im alten Sinn), der Geistheiler und all der anderen „Spezialisten des Magischen und des Göttlichen" darin, die Harmonie des Großen Musters wiederherzustellen, zu erhalten oder zu verstärken.

Das ist aber nicht ihre einzige Aufgabe, denn auch das direkte Heilen, der unmittelbare Zugriff auf unser inneres und äußeres Gleichgewicht der Kräfte, gehört in ihren „Zuständigkeitsbereich".

Sie, die „Spezialisten des Magischen und des Göttlichen" teilen sich die Arbeit des Heilens zu gleichen Teilen mit den „Materialisten" (also jeweils ein Drittel) und nachdem wir noch ein paar grundlegende Fragen geklärt haben, werden wir uns das Zusammenspiel und Zusammenwirken dieser unterschiedlichen Arten des Heilens genauer anschauen können.

Kapitel 1

Von Körper, Geist und Seele

Das menschliche Selbst besteht aus drei gleich wichtigen und gleichgewichtigen Teilen, aus Körper, Geist und Seele.

Da Schamanen und Hexen gewöhnlich keine Systematiker sind und erst recht keine Philosophen und Erkenntnistheoretiker, besteht ihre Weltvorstellungen meist aus ihrem eigenen und dem tradierten Erfahrungswissen, gekleidet in Bilder der Poesie, der Malerei und der Geschichten. Das ist eine sehr funktionale und effektive Art sich auszudrücken. Wir Europäer haben damit jedoch oft unsere Probleme, weil uns die Basis des Erfahrungswissens fehlt. Deshalb versuche ich in diesem und den nächsten Kapiteln eine schamanische Vorstellung von der Welt in unsere mehr intellektuelle Begrifflichkeit zu übersetzen – um darauf aufbauend später das eigentlich schamanische Bild, das magische und göttliche Bild von der Welt wieder herzustellen.

Wir können verstehen, was Heiler sagen und meinen, indem wir ihren Modellen, ihren Vorstellungen vom Menschen und dem Prozess des Heilens folgen, indem wir beobachten, was sie tun, wie sie es tun und welche Ergebnisse aus ihrem Handeln entstehen. Nun gibt es aber sehr viele verschiedene Arten von Heilern, die auf sehr unterschiedliche Weise arbeiten: Es gibt Mediziner der unterschiedlichsten Richtungen, Psychologen, Psychoanalytiker, es gibt Schamanen, Hexen, Geistheiler, Priester, Zauberer, dann noch Kräuterfrauen, Knochensetzer und Medizinmänner, außerdem „alternative" Heiler vielfältigster Art, Homöopathen, Akupunkteure, Bioresonanz-Therapeuten, Steinheiler, Klangheiler und, und, und... .

Manche dieser Methoden scheinen zu funktionieren, manche eher nicht, manche funktionieren gelegentlich oder sogar oft, dann aber auch wieder nicht. Darüber hinaus reden die einen Heiler oft nicht gut über die anderen und die anderen nicht gut über die einen, hin und wieder achten sie sich auch, verstehen sich und ihre Methoden aber nicht gegenseitig... .

Kurz, wir stehen vor einem heillosen Durcheinander, wenn wir das weite Feld des Heilens näher betrachten wollen und müssen erst einmal eine Orientierungsmöglichkeit suchen, wenn wir uns irgendwie auch nur näherungsweise zurechtfinden wollen. Einen wesentlichen Teil der Landkarte, die wir zur Orientierung benötigen, habe ich bereits in der Einleitung beschrieben.

Das Große Muster der Welt, das Muster des Selbst und die Werte, die wir an diese Muster hängen, bilden die Basis unserer Betrachtung. Als nächstes müssen wir einen genauen Blick auf dieses Bild vom „Selbst" werfen, damit wir verstehen können, wie es sich in das Große Muster einpasst.

Die Sache ist deshalb schrecklich kompliziert, weil es so viele verschiedene Vorstellungen davon gibt, was denn nun „Geist" oder „Seele" eigentlich sind und was diese Teile unseres Selbst zum Ticken bringt. Die Christen haben eine andere Vorstellung von Seele als die Juden, die nicht die Seele, sondern den Geist für den unsterblichen Teil des Menschen halten. Die Buddhisten sprechen nicht von Seele, sondern von „Rede". Wenn nordamerikanisch-indianische Schamanen von „Seelenrückführung" reden, dann liegt ein Übersetzungsfehler vor, weil sie tatsächlich von „spirit" reden, der nichts mit unserer Vorstellung von Seele zu tun hat und so weiter und so fort.... Außerdem und nicht zuletzt haben wir damit zu kämpfen, dass unser sozusagen offizielles, etabliertes Weltbild strikt materialistisch ausgerichtet ist, und die Existenz von Geist und Seele aktiv leugnet.

In unserem mehr oder minder allgemein anerkannten materialistischen Weltbild kommt „Seele" überhaupt nicht vor, Geist genau genommen auch nicht. Da geht es eher nach dem Satz des Chirurgen Virchow, der einmal gesagt haben soll, er habe hunderte von Körpern seziert, aber nie eine Seele gefunden.

Doch selbst wenn es eine Einigkeit darüber gäbe, dass Körper, Geist und Seele tatsächlich die Gesamtheit des Menschen ausmachen, scheint alles Andere unklar: Was ist eigentlich eine Seele? – Oder der Geist? Heilt ein Geistheiler den Geist oder heilt er durch den Geist? Hat vielleicht der Volksmund Recht, der Psychiater oder Psychotherapeuten manchmal „Seelendoktor" oder „ Seelenklempner" nennt?

Welchen Teil von uns heilen Ärzte, Schamanen, Hexen, Geistheiler, alternative Therapeuten? Stimmt es wirklich, dass Schamanen zum Beispiel für die Psyche zuständig sind und Geistheiler für die Seele? (Es stimmt so nicht, aber darüber später mehr!)

Außerdem: Was heißt hier „gleich wichtig und gleichgewichtig"? Ist es nicht vielmehr so, dass die Seele unser höchstes Gut ist, dass Spiritualität (die ja irgendwie mit der Seele zu tun hat) unser Leben bestimmen sollte, so dass von Gleichgewichtigkeit nicht die Rede sein kann?

Dazu will ich eine kleine Geschichte erzählen, die diese Konfusion nett illustriert: Ein Mann macht sich Gedanken darüber, was es mit der menschlichen Seele denn eigentlich auf sich hat. Er denkt, er hört vielen Leuten zu, kann sich aber nicht entscheiden, was von diesen vielen Meinungen denn nun richtig sein könnte. Schließlich rafft er sich dazu auf, die wirklichen Fachleute zu konsultieren. Er geht zum katholischen Pfarrer und fragt ihn: „Hochwürden, was ist eigentlich mit der Seele? Wann beginnt das menschliche Leben?" Der Pfarrer sieht ihn an und antwortet: „Nun, mein Sohn, das ist doch ganz einfach. Das menschliche Leben beginnt im Augenblick der Zeugung!" Der Mann bedankt sich, ist aber nicht so ganz zufrieden mit der Antwort. Also beschließt er, noch den evangelischen Pastor aufzusuchen. „Herr Pastor, was ist eigentlich mit der Seele? Wann beginnt das menschliche Leben?" Der Geistliche schaut ihn an und antwortet: „Nun, junger Mann, das ist doch ganz einfach. Das menschliche Leben beginnt im Augenblick der Geburt." Der Mann ist jetzt noch weniger zufrieden als zuvor und beschließt, noch einen Fachmann aufzusuchen. Er geht zum jüdischen Rabbi und fragt ihn, wann denn nun wirklich das menschliche Leben beginne. Der Rabbi schaut ihn an, kratzt sich am Kopf und antwortet: „Ach, das ist doch ganz einfach. Das menschliche Leben beginnt, wenn die Kinder aus dem Haus sind und der Hund tot ist."

Nun ja. Nach etlichen vergeblichen Anläufen und angesichts solcher Geschichten habe ich mich dazu entschieden, das alles bis auf einen einzigen Punkt zu verwerfen und statt einer endlosen geistesgeschichtlichen Diskussion ein schamanisches Bild des Selbst zu beschreiben, das manchen anderen gegenüber einen gewaltigen Vorteil hat: Es funktioniert.

> Der eine Punkt, über den wir Einigkeit erzielen sollten, hat etwas damit zu tun, dass Weltbilder, Modelle, Bilder, Vorstellungen davon, wie die Welt beschaffen ist und was sie zum Ticken bringt, nicht wahr oder falsch sein können. Wer eine bestimmte Vorstellung von der Welt mit Zähnen und Klauen verteidigt, weil er glaubt, sie wäre „wahr", hat das Spiel des Erkennens bereits verloren: Es liegt nun einmal in der Natur unserer Erkenntnisfähigkeit, dass wir uns nur Bilder von der Welt machen können und dass wir die Qualität dieser Bilder nur und ausschließlich danach beurteilen können, ob sie uns die Orientierung in der Welt ermöglichen oder nicht.

So gesehen sind Modelle von der Welt nichts als Landkarten, die wir benutzen, um von A nach B zu gelangen. Wenn wir das nicht nur einsehen, sondern auch auf unsere eigenen, lieb gewonnenen Vorstellungen anwenden lernen, dann wird auch die Beliebigkeit in der Diskussion über wahr und falsch minimiert. Wir haben einen klaren Beurteilungsmaßstab in der Hand: Bringt uns diese Landkarte tatsächlich von A nach B, oder tut sie es nicht? Übrigens: Wenn wir dann noch lernen, dass die Anforderungen an Landkarten sehr unterschiedlicher Natur sein können und unmittelbar vom Strickmuster der Menschen abhängen, die sie benutzen, dann haben wir noch etwas gewonnen, nämlich die Einsicht, dass durchaus unterschiedliche Landkarten nebeneinander existieren können, auch wenn sie nicht alle für uns nutzbar sind.

Nehmen wir als Beispiel einmal einen Frosch: Die visuelle Wahrnehmung eines Froschs ist so konstruiert, dass er nur Dinge in Bewegung sehen kann. Alles andere verschwindet aus seiner Wahrnehmung. Der Frosch sitzt also unbeweglich auf einem Seerosenblatt. Er sieht nichts, wenn sich um ihn herum nichts bewegt. Wenn er etwas sieht, dann ist es entweder Beute oder Bedrohung, erfordert also entweder Angriff oder Flucht. Wenn der Frosch so denken könnte oder wollte wie wir, dann hätte er zwangsläufig ein für uns ziemlich seltsames Modell von der Beschaffenheit der Welt, das für ihn aber hervorragend funktionieren würde.

Nachdem wir uns also nun hoffentlich darüber einig sind, dass wir uns hier nicht auf der philosophisch betrachtet ohnedies vergeblichen Suche nach der ewigen Wahrheit befinden, sondern einfach ein Modell brauchen, das uns hilft zu verstehen, wie Heilen funktioniert, können wir uns mit leichtem Gepäck auf den Weg machen.

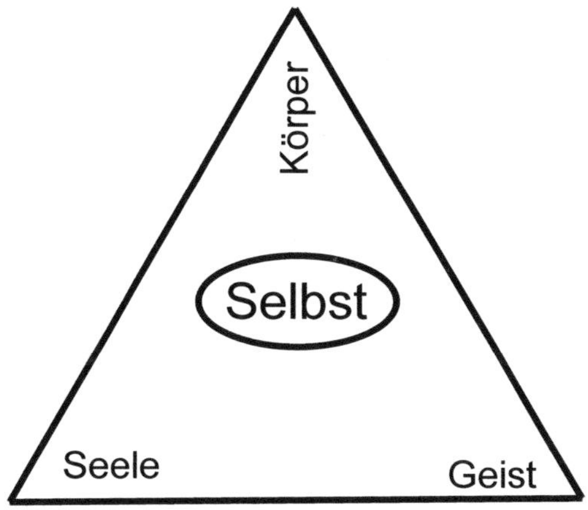

Diagramm 1: Das Selbst als gleichgewichtige Dreiheit von
Körper, Geist und Seele

Das lebendige menschliche Selbst besteht aus drei gleich wichtigen und gleichgewichtigen Teilen, aus Körper, Geist und Seele. So jedenfalls stellt sich sein Muster für die Zeit zwischen Geburt (oder Zeugung) und Tod dar. Was davor oder danach ist, ob überhaupt etwas ist oder vielleicht eher nicht, darf uns hier nicht interessieren. Wichtig ist hier nur eins – und das kann ich nicht oft genug betonen: Wenn einer dieser drei Teile fehlt, verschwindet oder seine Funktion einstellt, dann löst sich das Selbst auf, der Tod tritt ein. Daher dürfen wir völlig zu recht behaupten, dass diese drei Teile gleich wichtig sind, denn jetzt wissen wir, wofür sie wichtig sind: für die Erhaltung der Lebendigkeit des menschlichen Selbst.

Terry Pratchett hat einmal in seiner unnachahmlichen Art geschrieben: „In jedem Lebenden wartet ein Toter auf die Freiheit." Das mag ja sein, aber für uns ist wichtig zu wissen, dass „Selbst" und „Lebendigkeit" sich auf die individuelle menschliche Existenz (eben die Zeitspanne zwischen Geburt und Tod) bezieht – und nur die interessiert uns, wenn wir über Heilung und Heilen sprechen.

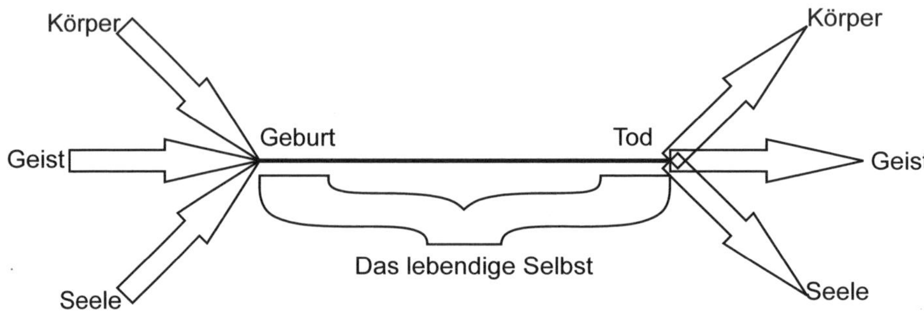

Diagramm 2: Das lebendige Selbst von der Geburt bis zum Tod

Heilen ist nicht nur Reparatur des Körpers, Stärkung des Geistes oder Tröstung der Seele, sondern alles zugleich und noch mehr als das, wobei durchaus mal das Eine und ein anderes Mal das Andere die Priorität für sich beanspruchen kann. Wie das Alles miteinander zusammenhängt, können wir besser verstehen, wenn wir uns die drei Teile des Selbst erst einmal getrennt voneinander anschauen:

Das Selbst: der Körper

Jeder scheint zu wissen, was es mit dem „Körper" auf sich hat. Es ist der physische Teil unseres Selbst, der aus Materie und Energie (im physikalischen Sinn) besteht. Seine Funktionen und Abläufe unterliegen den Gesetzmäßigkeiten der Naturwissenschaften und Fehlfunktionen, die auch Krankheiten genannt werden, lassen sich demgemäß mit den Mitteln der Medizin beheben, die letzten Endes ja nichts anderes ist als auf die Biologie angewandte Physik und Chemie.

Wenn wir später verstehen wollen, wie die drei Teile des Selbst zusammenwirken und unauflöslich zusammenhängen, müssen wir allerdings noch ein wenig genauer hinschauen: Es gibt autonome und „gesteuerte" Elemente oder Funktionen des Körpers. Das vegetative Nervensystem zum Beispiel gehört zu den autonomen Elementen des Körpers. Es steuert alle lebenswichtigen Funktionen unseres Körpers, ohne dass wir normalerweise in irgendeiner Weise darauf einwirken können. In überlebensbedrohlichen Situationen (Panikreaktionen) kann das autonome System sogar vollständig die Steuerung unserer Handlungen übernehmen, weil bewusst gesteuerte Reaktionen oft für unser Überleben zu langsam wären.

Zu den „gesteuerten" Elementen des Körpers gehört unter anderem das somatische Nervensystem, das wir der bewussten Kontrolle unseres Geistes unterwerfen können.

Viele komplexe Systeme und Prozesse unseres Körpers verlaufen einerseits autonom, können jedoch andererseits gesteuert werden.

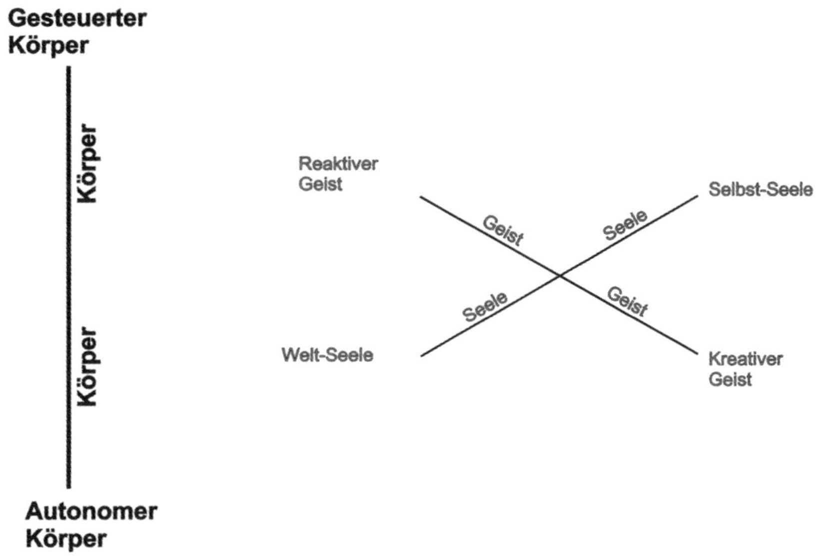

Diagramm 3: Die beiden Anteile des Körpers, der autonome Anteil, der seine Funktionen „von selbst" ausübt und der gesteuerte Anteil, der direkt der Kontrolle des Geistes unterliegt.

Wer schon einmal miterlebt hat, wie ein Kleinkind laufen lernt, konnte beobachten, wie komplex und schwierig dieser Prozess des Gehens ist, wie viele Muskeln und Sehnen an ihm beteiligt sind, wie der Gleichgewichtssinn durch die Erzeugung subtilster Körperbewegungen verhindert, dass wir auf die Nase fallen und so weiter… Wenn wir versuchen würden, alle für das einfache Gehen erforderlichen Abläufe einzeln bewusst auszulösen, richtig zu dosieren und miteinander zu kombinieren – dann könnten wir überhaupt nicht gehen.

Andererseits kann uns der Gedanke kommen „Da will ich hin!" und schon geht unser Körper los, ohne dass wir uns um die Einzelheiten kümmern müssten. Für sich betrachtet ist der Körper in der Tat eine wunderbar komplexe Maschine, die sich gewöhnlich selbst im Gleichgewicht hält und auf einfache „Kommandos" die komplexesten Handlungen ausführt.

Vergleichen wir den Körper doch einmal mit einem Flugzeug! Ein Flugzeug ist zwar von seiner Komplexität her im Vergleich zum menschlichen Körper extrem primitiv, hat aber eine Eigenschaft, die für uns interessant ist: Zunächst ist ein modernes, großes Flugzeug so konzipiert, dass es auf einen Fingerdruck hin komplexe „Flugfiguren" ausführt. Dann verfügt es über einen Autopiloten, der eingeschaltet werden kann, wenn erst einmal die Startphase abgeschlossen ist. Außerdem birgt es einen lebendigen Piloten in sich, der nicht nur das Flugziel bestimmt, sondern auch den Steuerknüppel übernimmt, wenn schwierigere Manöver ausgeführt werden müssen.

In diesem Vergleich ist der Pilot offensichtlich der Geist und das Flugzeug mit seinem Autopiloten der Körper. Wir können uns ganz gut vorstellen, wie der Pilot „Geist" die Kommandos gibt, das Flugziel einprogrammiert und den „Körper" Flugzeug dann machen lässt. Das wirft allerdings eine interessante Frage auf, die erst später wichtig wird. Gestellt sei sie hier trotzdem schon mal: Wir wissen, was der Pilot tut, wenn er den Autopiloten eingeschaltet hat: Er liest Zeitung, trinkt Kaffee, flirtet mit der Stewardess oder macht ein Nickerchen. Was aber tut unser Geist, wenn der Autopilot des Körpers eingeschaltet ist – und warum wissen wir das nicht?

Das Selbst: der Geist

Die Begriffsverwirrung beginnt bei der Betrachtung des Wortes Geist. Ein kurzer Blick in die Philosophiegeschichte, in die Geisteswissenschaften, in die Physiologie und Neurologie – und wir stehen mitten in einem unübersichtlichen „geistigen" Minenfeld, dem Wegweiser und Orientierungsmarken fehlen. Glücklicherweise benötigen wir für unsere Zwecke nur eine handhabbare, vorläufige Definition dieses Wortes, damit wir uns sinnvoll verständigen können.

Der Physiologe und Nobelpreisträger Sir John C. Eccles hat zusammen mit dem wohl bedeutendsten Philosophen des zwanzigsten Jahrhunderts, Sir Karl Popper, ein Modell über das Zusammenwirken von Körper und Geist entwickelt, das ich sehr überzeugend und anschaulich finde. Unter anderem geht daraus hervor, dass der Geist, die Gesamtheit unserer Gedanken, Empfindungen und Wahrnehmungen darstellt, dass er nicht physischer Natur und deshalb auch nicht der naturwissenschaftlichen Betrachtung zugänglich ist. So gesehen hat der menschliche Geist einen anderen Realitätscharakter als das Gehirn. In beiden Teilen gibt es eine gemeinsame Schnittstelle, über die sich Geist und Gehirn/Körper gegenseitig beeinflussen und steuern. Es wird später noch einiges zu diesem Thema zu sagen sein, vor allem zu der schamanischen Vorstellung von der Anderswelt, die auch „Welt des Geistes" genannt werden könnte und dem Begriff des „Magischen" in der Welt.

Wenn wir noch einmal zum Bild des Flugzeugs und des Piloten zurückkehren, können wir uns anschaulich machen, wie Geist und Körper zusammenwirken und sich gegenseitig beeinflussen. Wie der Geist beschaffen ist, erfahren wir aus diesem Bild jedoch nicht. – Wir wissen eben nicht, was der Pilot tut, während das Flugzeug auf Autopilot fliegt.

Wie beim Körper, so gibt es auch beim Geist Elemente mit zwei unterschiedlichen Ausprägungen:

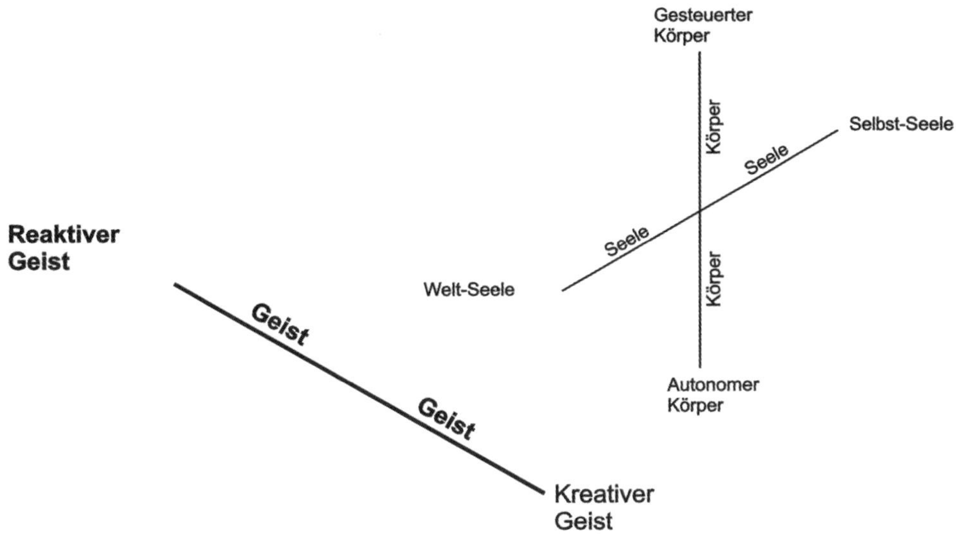

Diagramm 4: Der Geist ist in einem Anteil nach außen gewendet, wird von der Wahrnehmung der Welt geformt und reagiert auf sie. Zu einem anderen Anteil handelt er und wirkt auf die Welt ein.

Das Muster der Welt formt das Muster unseres Geistes. Wir können nur innerhalb dieser Muster wahrnehmen, denken, empfinden, werten, entscheiden und handeln. So werden die Struktur unseres Geistes, seine Reichweite und seine Grenzen und seine Möglichkeiten direkt dadurch bestimmt, dass auch unser Geist Teil der Welt, Teil des Großen Musters ist und deshalb den gleichen Formungsgesetzmäßigkeiten unterliegt wie alle anderen Erscheinungen der Welt. Außerdem bestimmt alles, was wir im Laufe unseres Lebens wahrnehmen, darüber, was wir denken können: Die direkte und indirekte Wahrnehmung der Welt formt das Potential unseres Geistes. Diesen Teil oder diese Ausprägung des Geistes nenne ich den „reaktiven Geist". Es ist der Teil, der der Welt folgt und uns in sie und damit in das Große Muster einbindet.

Den anderen Teil oder die andere Ausprägung des Geistes nenne ich den „kreativen Geist", der unser ureigenes Potential enthält, der uns einen freien Willen gibt, der es uns ermöglicht, unseren eigenen Beitrag zur ständigen Erschaffung der Welt beizutragen. Wenn wir uns an einen der Kernsätze der Einleitung zurück erinnern, wird deutlich, was hier gemeint ist:

Deshalb auch ist jedes Wesen der Welt einerseits von der Welt verschieden und unterscheidet sich damit vom Rest der Welt. Andererseits ist es mit der Welt eins und daher nicht von ihr verschieden. Das Selbst ist zugleich eins und getrennt. Das macht sein Wesen aus. – Der reaktive Geist ist dasjenige in uns, das uns ermöglicht, mit der Welt Eins zu sein oder zu werden. Der kreative Geist dahingegen erlaubt es uns, von der Welt getrennt zu sein und so an ihrer Erschaffung mitzuwirken. (Diese beiden Potentiale hatten wir beim Körper ja auch schon, beim autonomen und beim gesteuerten Anteil!)

Das Selbst: die Seele

In vielen Modellen von der Struktur des menschlichen Wesens wird die Seele lediglich als Teil oder funktionales Element des Geistes begriffen. Diese Vorstellung entspringt einem dualistischen Weltbild, der Vorstellung, dass alle Erscheinungen der Welt in Paaren oder Gegensätzen geordnet sind. In den Beobachtungen und Erfahrungen der Schamanen, Hexen, Priesterinnen und Priester, den eigentlichen Spezialisten für Geist und Seele, stellt sich der Mensch jedoch als dreigeteiltes oder dreiteiliges Wesen dar.

Interessanterweise ist das Prinzip der Dualität eine der Grundlagen der griechischen Philosophie, die auf dem Weg der römischen Besetzung zu uns kam und auch heute noch unser Weltbild bestimmt, während das Wahrnehmen und Denken in Dreiheiten den Weltvorstellungen unserer kelto-germanischen Vorfahren entspricht. Das allein wäre natürlich kein Grund, die Seele als drittes Element einzuführen, nur um eine Dreiheit zu vervollständigen. Es sind vielmehr die Erfahrungen und Beobachtungen, die zu dieser Dreiteilung führen.

Wer Streit sucht, sollte sich versuchsweise einmal in die Diskussion über die Seele als Teil des Selbst einklinken. Nirgendwo gehen die Bilder weiter auseinander und nirgendwo wird die Auseinandersetzung erbitterter geführt als auf diesem Schlachtfeld. Das hat natürlich überwiegend mit unseren Hochreligionen zu tun und ihren jeweiligen strafbewehrten Alleinvertretungsansprüchen, allerdings auch damit, dass man gewöhnlich nur das finden kann, wonach man Ausschau hält.

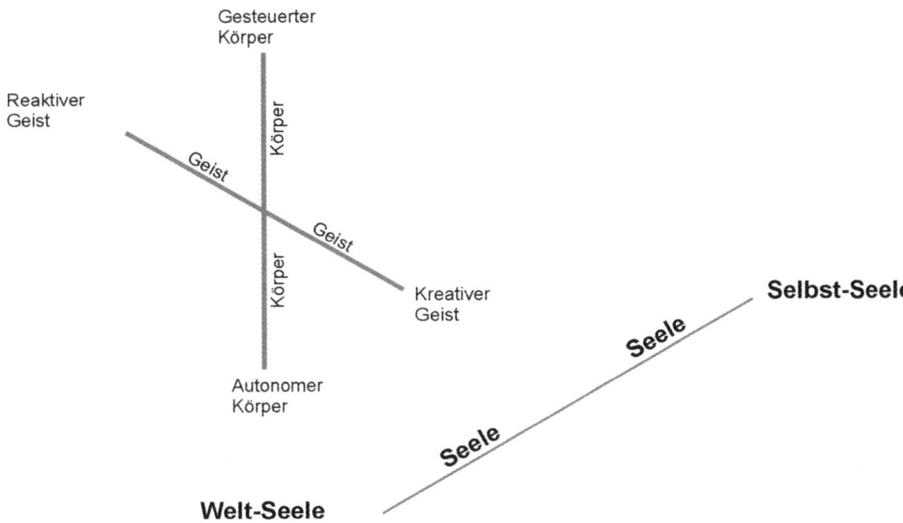

Diagramm 5: Die Selbst-Seele entspricht dem „spirit" der indianischen Schamanen, sie ist der Eigenanteil des Selbst, während die Welt-Seele der Anteil des Göttlichen in der Welt ist.

Da ich mich nicht auf diese Streitereien einlassen will, begnüge ich mich mit der Feststellung, dass auch dieser Teil des Selbst sich wieder in zwei Aspekten manifestiert. Der „spirit", von dem die nordamerikanischen indianischen Schamanen sprechen (nicht von der „Seele", wie fälschlich immer wieder übersetzt wird), ist derjenige Aspekt oder Anteil der Seele, der uns Lebewesen zu Beginn unseres Lebens als Potential mitgegeben wird. Ich nenne diesen Teil „Selbst-Seele", weil er unser eigen ist und durch unser Leben wächst und geformt wird. Er leidet mit uns, freut sich mit uns und ist ebenso wandelbar und formbar wie unser Selbst insgesamt. Die Selbst-Seele ist etwas, das wir durch unser Leben erschaffen und in unserem Tod an oder in die Welt geben.

Der andere Aspekt oder Anteil der Seele, ich nenne ihn „Welt-Seele" kommt unseren christlichen Vorstellungen von der ewigen, also prä- und postexistenten, unzerstörbaren, unteilbaren Seele am nächsten. Im Bereich des Heilens sind traditionellerweise die Priester für diesen Seelenaspekt, die Welt-Seele zuständig, die Schamanen aber für den anderen, die Selbst-Seele. Ich denke allerdings, dass diese Unterscheidung zu kurz greift. Eher ist es so, dass sich die Priester und Schamanen durch ihre Methoden voneinander unterscheiden, die sich sehr unterschiedlich auf unsere Seelen- und Geist-Muster auswirken. Doch damit werden wir uns noch ausgiebig zu beschäftigen haben.

Die Dreiheit

Was haben wir nun durch diese Betrachtung gewonnen? Wir verfügen jetzt über ein Modell, das uns Auskunft darüber gibt, welche Arten des Heilens aus welchen Kräften entstammen. Das wiederum gibt uns Auskünfte über ihre Funktionsweise und vor allem darüber, auf welche Teile unseres Selbst diese Kräfte zielen.

Wir haben also eine Basis für unsere Beschäftigung mit den Kräften der Heilung gefunden, die es uns ermöglicht, einige Fragen zu beantworten:

Was ist was?

Was funktioniert wie?

Worauf zielt es?

Und: Ist es in einer konkreten Situation nützlich für uns oder nicht?

Fügen wir unsere Dreiheit mit den jeweils zwei Aspekten doch wieder zusammen:

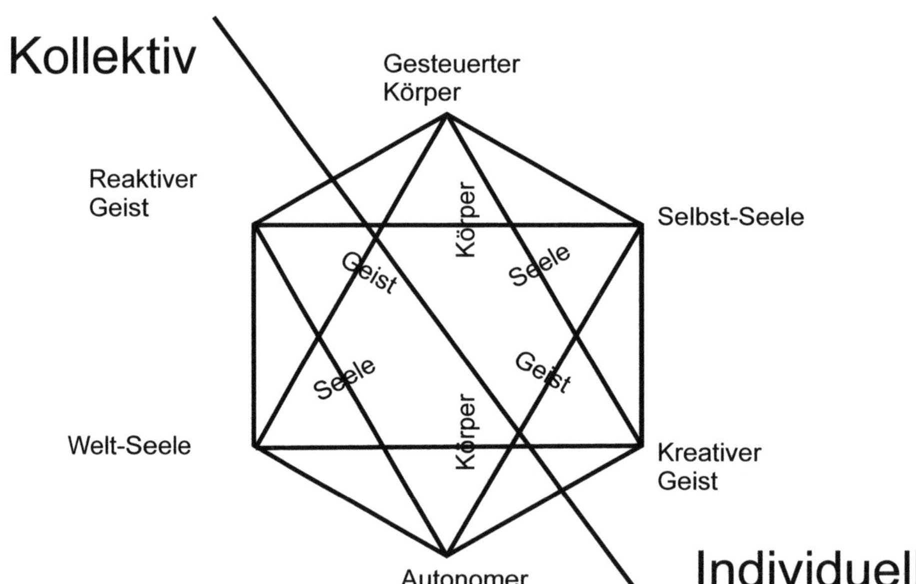

Diagramm 6: Das Selbst als Dreiheit von Körper, Geist und Seele, das auf der individuellen Seite von der Welt getrennt, auf der kollektiven aber mit ihr eins ist.

Diese Betrachtung des Selbst wird sich für unser Thema als außerordentlich nützlich erweisen, weil es analog zu der Dreiheit von Körper, Geist und Seele auch eine Dreiheit der Kräfte in der Welt gibt – und Heiler benutzen diese drei Kräfte in ihrer reinen Form oder auch gemischt, um ihre Arbeit zu tun.

Zu Anfang dieses Kapitels habe ich aus der Vielfalt der Heiler einige aufgezählt: Es gibt Mediziner der unterschiedlichsten Richtungen, Psychologen, Psychoanalytiker, es gibt Schamanen, Hexen, Geistheiler, Priester, Zauberer, dann noch Kräuterfrauen, Knochensetzer und Medizinmänner, außerdem „alternative" Heiler vielfältigster Art, Homöopathen, Akupunkteure, Bioresonanz-Therapeuten, Steinheiler, Klangheiler und, und, und...

Wenn es uns gelingt, diese beiden Dreiheiten der Kräfte des Heilens und des Selbst irgendwie zur Deckung zu bringen, dann verfügen wir in der Tat über ein hervorragendes Werkzeug zur Betrachtung des Themas Heilen, weil wir zum Beispiel herausfinden werden, dass es überhaupt nur drei Arten von Heilern gibt und damit einhergehend auch nur drei Arten von Heilkräften und drei grundlegende Formen des Heilens – und so entsteht Ordnung im Chaos.

Doch bevor wir uns diesem Thema zuwenden können, gilt es, noch ein Ärgernis aus der Welt zu räumen, nämlich den Ärger mit der Wissenschaft.

Kapitel 2

Ärger mit der Wissenschaft

Alle Erscheinungen der Welt enthalten einen materiellen, einen magischen und einen göttlichen Anteil. Diese Anteile ergänzen sich, nahtlos und unauflöslich miteinander verbunden, zu einem gleichgewichtigen Spiel gleich wichtiger Kräfte.

Auch Wissenschaftler sind Menschen – und deshalb sind sie ebenso fehlbar und unvollkommen wie wir alle. Aus diesem Grund können wir uns auch nicht darauf verlassen, dass die Anschauungen und Meinungen eines Wissenschaftlers tatsächlich auch korrekt die „Lehrmeinungen" der von ihm vertretenen Wissenschaft wiedergeben.

Das gilt ganz besonders für zwei Punkte, die ich gerne etwas ausführlicher schildern möchte:

Der Alleinvertretungsanspruch

Wer mit beiden Beinen fest auf dem Boden unseres neuzeitlichen, westlich orientierten Weltbilds steht, wer materialistisch und positivistisch denkt, der weiß ganz sicher, dass es außer Materie, Energie und den Naturgesetzen (was auch immer das sein mag) in der Welt nichts gibt, dass sie im Prinzip mit den Mitteln der Wissenschaft vollständig erkennbar und beschreibbar ist – mit anderen Worten: Dass es in den Fugen und Ritzen des Universums keinen Platz für das Magische gibt, sondern nur für graugesichtige Männer in weißen Kitteln, die mit irgendwelchen Instrumenten hantieren, mit quietschender Kreide Symbole auf Tafeln notieren und uns dann erklären: Das war's meine Damen und Herren!

Doch halt! Kann es wirklich sein, dass die Milliarden Menschen die vor uns auf der Erde lebten und auch diejenigen, die sogar heute noch nicht unentrinnbar in den Fängen dieses materialistischen Weltbilds hängen (immerhin die Mehrheit der Menschheit), dass sie sich alle irren? Dass ihre Erfahrungen mit dem Magischen in der Welt und auch übrigens ihr Umgang mit Gott oder den Göttern auf den Müllhaufen der menschlichen Erkenntnisgeschichte gehört? Beruht nicht jede Wissenschaft auf Erfahrung und Beobachtung und lassen sich die jahrhunderttausende alten, immer wieder und heute noch gemachten Erfahrungen und Beobachtungen des Magischen wirklich einfach so abtun? Kann man, darf man eine Erfahrung nur deshalb als Unfug verwerfen, nur weil sie nicht in ein vorgefasstes Erklärungsmodell passt?

Hat nicht Sherlock Holmes seinen Dr. Watson immer wieder darauf hingewiesen, dass der gute Detektiv seine Theorien den Beobachtungen anpasst und nicht umgekehrt?

Jedes Weltbild beruht auf Axiomen, auf Grundannahmen, die uns plausibel erscheinen mögen. Das vergessen wir nur allzu gerne, oder „interessierte Kreise" versuchen, uns darüber hinweg zu täuschen: Axiome sind nicht beweisbar, sondern bestenfalls plausibel. Man könnte auch sagen: Axiome sind Glaubenssätze, nicht mehr und nicht weniger. Allerdings entstehen Axiome aus den Erfahrungen, die wir Menschen im Umgang mit der Welt machen und sie kommen uns plausibel vor, weil sie mit unseren Erfahrungen irgendwie überein zu stimmen scheinen.

Wenn es auch eine Vielzahl bestimmter innerer Regeln gibt, denen ein Modell der Welt gehorchen sollte, damit es den Konventionen unseres Denkens entspricht, so gibt es nur eine einzige Möglichkeit, es sozusagen von außen zu beurteilen oder zu bewerten: Wir können aus prinzipiellen (erkenntnistheoretischen) Gründen keine Auskunft darüber geben, ob es „wahr" oder „richtig" ist. Wir können nur beurteilen, ob es funktioniert, das heißt, ob es die Welt in einer Form und einer Art beschreibt, die uns das Überleben in zufrieden stellender Weise ermöglicht.

Zufrieden stellend heißt dabei nicht nur, dass das Auto anspringt, wenn ich den Zündschlüssel umdrehe. Zufrieden stellend heißt auch, dass ich eine Überzeugung davon habe, wie die Welt beschaffen ist, dass ich nicht fürchten muss, sie würde mich hinterrücks anspringen oder mir im Schlaf einen Streich spielen, indem sie am Morgen völlig anders aussieht als am Abend zuvor.

In dieser Hinsicht funktioniert unser wissenschaftliches Weltbild sehr zufrieden stellend. An anderen Stellen weist es jedoch deutliche Mängel auf, weil es Erfahrungen und Beobachtungen einfach ignoriert, oder völlig unwissenschaftlich versucht, sie hinweg zu erklären. Ein einfaches Beispiel, auf das ich später noch einmal ausführlich zurückkommen werde (Kapitel 4, Der Placeboeffekt): Seit langem schon wird behauptet, dass Gedanken und Empfindungen nichts anderes sind als bestimmte, genau beschreibbare biochemische Abläufe im Gehirn, dass der Mensch im Grunde genommen nur eine komplexe Maschine ist, ohne freien Willen, ohne Schönheit, ohne Gott – ohne was auch immer.

Eine solche Behauptung kann doch nur auf zwei Arten gedeutet werden:

• Entweder: biochemische Abläufe im Gehirn erzeugen Gedanken und Empfindungen (die ja in unserer Beobachtung zweifelsfrei existieren).

• Oder: unsere Gedanken und Empfindungen erzeugen im Gehirn biochemische Abläufe, mit denen Körper und Geist – und vielleicht auch noch „Seele" – zusammengehalten werden.

• Also: Gedanken und Empfindungen sind Illusionen – aber wem oder was spiegeln sich diese Illusionen denn vor? Wer ist dann der Beobachter, der getäuscht wird?

• Aber: Es gibt sie wirklich, diese Gedanken und Empfindungen und etwas anderes stimmt hier nicht! Liegt nicht der Gedanke (?!) nahe, dass die Wissenschaft ein geeignetes Werkzeug ist, um biochemische Prozesse zu beschreiben, dass sie aber von ihrer Struktur her nicht geeignet ist für die Phänomene der Gedanken und Empfindungen? Der bedeutende Philosoph Sir Karl Popper und der ebenso bekannte Neurologe und Nobelpreisträger John C. Eccles haben genau diesen Überlegungen nachgespürt und sind dabei zu faszinierenden Ergebnissen gekommen. Sie stellten nämlich fest, dass es im Gehirn eine neurophysiologisch beschreibbare Schnittstelle gibt, die es den (immateriellen) Gedanken ermöglicht, über kleinste Impulse das Gehirn und damit natürlich auch den Rest des Menschen zu steuern!

Weltbilder wandeln sich und wir Menschen uns mit ihnen – oder vielleicht auch eher umgekehrt. Auch das so genannte wissenschaftliche Weltbild hat im Laufe der Zeit etliche Veränderungen durchgemacht. Wie alle einigermaßen erfolgreichen Versuche, die Welt zu beschreiben, hat auch unser derzeitiges Weltbild eine seltsame Eigendynamik entwickelt:

Es entstand aus Beobachtungen und Erfahrungen und es erwies sich als tauglich, diese Beobachtungen und Erfahrungen (oder zumindest einen Teil von ihnen) systematisch zu erfassen und Voraussagen zu treffen.

Es lenkte im Laufe seiner Entwicklung den Blick immer intensiver auf genau die Art von Erfahrungen und Beobachtungen, für deren Beschreibung und Erklärung es geeignet war.

Und es endete mit dem wissenschaftstheoretisch durch nichts gerechtfertigten Alleinvertretungsanspruch, alle Erfahrungen und Beobachtungen, die sich nicht in dieses System einfügen lassen, als falsch, illusionär und unwissenschaftlich zurückzuweisen.

Sagen wir es ganz klar: Wir werden betrogen und belogen! Das wissenschaftliche Modell ist ganz ohne Zweifel ein wunderbares Werkzeug für unseren Umgang mit der Welt, ohne das unsere gesamte Zivilisation nicht möglich wäre. Aber es enthält in sich die wissenschaftstheoretische Aussage, dass es unvollständig ist, dass es Grenzen der Erkenntnis hat, dass es möglich, ja sogar wahrscheinlich ist, dass es außerhalb seiner Grenzen noch etwas anderes gibt! So wie die Priester der großen Religionen, so versuchen auch die „Priester" der Wissenschaft uns einen Alleinvertretungsanspruch vorzugaukeln, einen Herrschaftsanspruch, der sich durch Fakten nicht erhärten lässt.

Doch es besteht Hoffnung: Der Wissenschaftstheoretiker Thomas S. Kuhn hat in seinen Untersuchungen darauf hingewiesen, dass Paradigmenwechsel im wissenschaftlichen Weltbild einem bestimmten, hoch wissenschaftlichen Mechanismus unterliegen: Die Vertreter alter Paradigmen sterben aus – und werden durch Anhänger eines neuen Modells ersetzt.

In esoterischen Kreisen wird ja schon lange ein Paradigmenwechsel beschworen, nämlich der Übergang in das so genannte Wassermann-Zeitalter, eine Zeit des Verstehens und der Aussöhnung des Rationalen mit dem Magischen und Göttlichen.

Bevor man sich in die Untiefen dieses herbeigesehnten Paradigmenwechsels hineinstürzt, gibt es ohnedies noch ein kleines Problem: Es geht nämlich überhaupt nicht um einen Paradigmenwechsel! Modellwechsel dieser Art finden nämlich nur innerhalb eines Systems statt.

Wir brauchen für die Beschäftigung mit dem Magischen in der Welt aber etwas ganz Anderes. Wir brauchen die analytisch untermauerte Einsicht, dass die Vertreter des wissenschaftlichen Weltbilds übergriffig geworden sind und sich auf Gebieten tummeln, von denen sie nichts verstehen, nichts verstehen können – oder anders gesagt: Wir sind einem Kategorialirrtum (Ken Wilber) auf der Spur, der ganz einfach heißt: Lass Dir nicht von einem Automechaniker den Blinddarm operieren und glaube einem Wissenschaftler keine Behauptungen über das Magische in der Welt!

Der Kategorialirrtum

Ein Kategorialirrtum liegt dann vor, wenn jemand versucht, eine Erscheinung der Welt mit den Begriffen eines Modells zu erklären, zu beschreiben oder zu verstehen, obwohl diese Erscheinung in den Bereich eines anderen Modells gehört. Nehmen wir als Beispiel die Astronomie und die Astrologie. Es ist ein Kategorialirrtum, wenn ein Astronom versucht nachzuweisen, dass die Astrologie physikalisch oder auf andere Art wissenschaftlich betrachtet, Unfug ist. Die Astrologie gehört nicht in den Bereich des wissenschaftlichen Modells der Welt und ist deshalb dieser Argumentation entzogen. Beide Modelle, Astronomie und Astrologie, müssen sich allerdings gefallen lassen, an ihren Resultaten gemessen zu werden, denn beide müssen zu überprüfbaren Voraussagen auf ihren jeweiligen Gebieten führen. Daraus kann sich bestenfalls ein methodischer Streit über statistische Modelle entwickeln, nicht aber ein Streit über die Basis und Schlüssigkeit eines Modells.

Zwei Klippen müssen wir umschiffen, die beide gefährlich sind – und beide heißen Kategorialirrtum:

- Es ist, wie wir noch sehen werden, ein Kategorialirrtum zu glauben, das Magische in der Welt ließe sich mit den Mitteln des wissenschaftlichen Weltmodells erfassen und beschreiben.

- Es ist ebenfalls ein Kategorialirrtum zu glauben, dass es nichts in der Welt geben kann, das nicht in dieses Weltmodell hineinpasst. (Dieser Irrglaube sitzt natürlich besonders bei den scheuklappenbewehrten Vertretern eines antiquierten Wissenschaftsverständnisses sehr tief.)

- Jene fehlgeleiteten Esoteriker, die von geheimnisvollen, neuesten und in jedem Fall ziemlich undurchsichtigen Erkenntnissen der Quantenphysik reden, von denen sie gewöhnlich nicht das Mindeste verstehen, leben ebenfalls in einem Kategorialirrtum. Dieser Irrtum besteht in der Annahme, das Magische in der Welt ließe sich im Prinzip mit den Mitteln des wissenschaftlichen Weltmodells erkennen und beschreiben – auch wenn uns diese Mittel zurzeit nicht zur Verfügung stehen sollten.

Beide Vermutungen beruhen auf Wunschdenken: Wenn es das Magische in der Welt tatsächlich gibt, das heißt, wenn es von Menschen erfahren und beobachtet werden kann, dann braucht es ein eigenes Modell, eigene Verständnis- und Beschreibungswege und darüber hinaus ein so genanntes Meta-Modell, ein übergeordnetes Bild von der Welt, in dem sich die Erfahrungswelten des Rationalen und des Magischen zusammenfinden, um ein vollständigeres Verständnis der Erscheinungen der

Welt zu ermöglichen. – Und da wir nun einmal dabei sind, sollte in dieses Meta-Modell auch die Erfahrung des Göttlichen in der Welt hineinpassen, damit es wirklich auf den gesamten Horizont unserer Erfahrungen und Beobachtungen anwendbar ist.

Um es überdeutlich zu sagen: Die Wissenschaftler können schlüssig nachweisen, dass es in ihrem Modell der Welt keinen Platz für das Magische und das Göttliche gibt und aus wissenschaftstheoretisch nachvollziehbaren Gründen auch nie geben wird. Damit sollte man sich einfach abfinden.

Das heißt aber noch lange nicht, dass es das Magische in der Welt nicht geben kann! Aus dem „wissenschaftlichen" Modell der Welt lässt sich nämlich ebenso schlüssig ableiten, dass es nicht vollständig ist: Es kann niemals bewiesen werden, dass diese Beschreibung der Welt so vollständig ist, dass es außerhalb ihrer Grenzen nichts Anderes geben kann. Es ist fast schon ein Treppenwitz der Geschichte: Die Wissenschaftstheorie kann nachweisen, dass ihr Gegenstand Grenzen hat, also nur einen Ausschnitt der Welt erfasst, aber sie weist auch nach, dass es nicht möglich ist, mit ihren eigenen Methoden über die Grenzen hinauszuschauen.

Ein solches rational-magisches Meta-Modell brauchen wir ziemlich dringend. Wenn Sie sich einmal anschauen, was für ein Mist heute so oft als „magisch" verkauft wird, nur weil keiner so genau weiß, was es damit auf sich hat – und wie viele Leute fast alles glauben, was ihnen erzählt wird, wenn es nur überzeugend genug vorgebracht wird, dann lässt sich verstehen, dass eine solide Basis, ein funktionierendes, mit unseren Beobachtungen und Erfahrungen übereinstimmendes Modell sehr helfen könnte, die Dinge ein wenig zu sortieren und das tatsächlich Magische in der Welt in einem riesigen Haufen von Missverständnissen aufzustöbern und es – siehe da! – einmal ganz nüchtern und rational zu betrachten.

Eigentlich wäre das ein schöner Schlusssatz für diese Gedankengänge gewesen. Aber ich kann es nicht lassen: Was heißt in diesem Zusammenhang denn „rational"? Rational heißt in diesem Fall, dass wir die Beobachtungen, die wir machen, und die Erfahrungen, die wir oder andere Menschen sammeln, nüchtern prüfen und schauen, ob sich nicht eine Erklärung, eine Beschreibung, ein Modell finden lässt, das es uns erlaubt, auch mit diesen Erscheinungen der Welt sinnvoll umzugehen – nicht mehr und nicht weniger!

Heilen: wissenschaftlich, magisch und göttlich

Natürlich sind die Gedanken, die ich auf den vorauf gegangenen Seiten niedergelegt habe, weder vollständig noch schlüssig. Die ausführliche Darstellung bleibt einem anderen Buch vorbehalten, an dem ich schon sehr lange arbeite. Sie sollen eigentlich auch nur das Verständnis der folgenden Behauptung erleichtern, die wir als Basis für unsere Betrachtung des Heilens benötigen:

Seele und Geist können nicht Bestandteil wissenschaftlicher Modelle sein. Deshalb ist die Hoffnung völlig fehlgeleitet, Vorstellungen vom Menschen, in denen Seele und Geist eine Rolle spielen, könnten sich eines fernen Tages einmal in die wissenschaftlichen Modelle des Heilens einfügen. Ebenso ist die Hoffnung fehlgeleitet, der wissenschaftliche Umgang mit der Welt könnte sich so verändern, dass die „ganzheitliche" Vorstellung vom Menschen als Wesen aus Körper, Geist und Seele Einzug in die Wissenschaft hält.

Die drei Formen des Heilens zielen vielmehr auf verschiedene Teile der Welt, erfordern jeweils eigene Arten und Formen der Wahrnehmung und damit jeweils eigene Modelle des Beschreibens und Verstehens, die der Theorie-Süchtige gewiss zu einem Meta-Modell zusammenfassen kann.

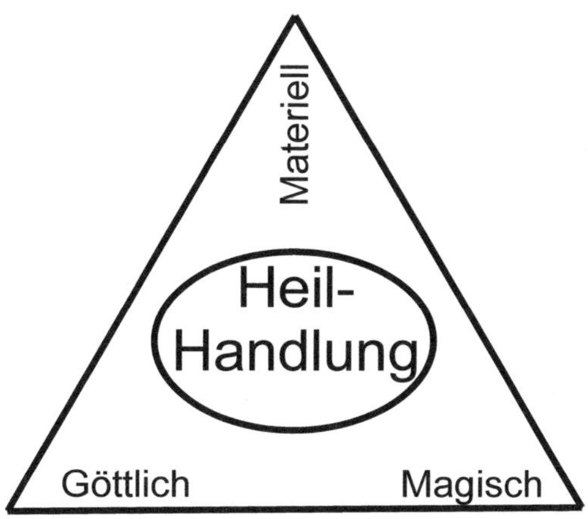

Diagramm 7: Die drei möglichen Grundlagen des Heiles

Deshalb werden manche alternativen Heilweisen sicher irgendwann „schulmedizinisch" anerkannt werden, weil sie sich in der Tat auf ein mechanisches Modell zurückführen lassen. Anderen wird das nie gelingen, weil sie magischer oder göttlicher Natur sind und deshalb ihre eigenen Modelle brauchen. So scheint zum Beispiel die Frage noch offen zu sein, ob die Akupunktur sich in ein wissenschaftliches Modell einfügen lässt, ob sie vielleicht doch „magischer" Natur ist, oder ob sie eine Mischung aus Elementen beider Bereiche darstellt. Und wie steht es mit der Homöopathie? Mit Bioresonanz-Therapie und, und, und...?

Ich will hier nicht auf einzelne alternative Heilmethoden eingehen, weil das nur Nebenkriegsschauplätze eröffnen würde, die von unserem eigentlichen Thema ablenken.

Doch den Mechanismus der Diskussion sollten wir uns vergegenwärtigen:

Vertreter der Wissenschaft (also die „Schulmediziner") weisen reflexhaft alles als unwissenschaftlichen Humbug zurück, was nicht genau und problemlos in ihre Beschreibungsmodelle passt. Das mag im Einzelfall zutreffen oder auch nicht.

Auf der anderen Seite bemüht sich der größte Teil der Vertreter alternativer Heilmethoden ebenso reflexhaft um die „wissenschaftliche Anerkennung" (schon allein wegen der Kassenerstattung der Behandlungen, aber auch wegen der „Seriosität", die durch wissenschaftliche Etiketten nun einmal vorgespiegelt wird). Daraus entstehen dann nur zu oft die krampfhaften Versuche, nicht wissenschaftlich beschreibbare Erscheinungen entweder mit pseudo-wissenschaftlichen Mitteln oder mit wissenschaftlich umstrittenen und zweifelhaften Modellen zu beschreiben – worauf dann gewöhnlich eine noch heftigere (und durchaus berechtigte oder zumindest verständliche) Ablehnung seitens des wissenschaftlichen Establishments folgt.

Kompliziert wird die Sache dadurch, dass alle Formen des Heilens (auch die schulmedizinische) gewöhnlich Anteile der anderen Formen in sich enthalten: Das Ritual der Konsultation und Diagnostik ist eben ein magisches Ritual, selbst wenn es vom Chefarzt persönlich durchgeführt wird und Pflanzen haben meist einen allopathischen Wirkungsanteil, auch wenn sie vom Schamanen aufgrund ihrer magischen Kraft gegeben werden. Außerdem haben alle magischen und „göttlichen" Heilmethoden selbstverständlich auch Auswirkungen auf den physischen Teil des Selbst – sonst wären sie weitgehend wirkungslos, so dass ein Teil des magischen Heilens, und seien es auch nur seine Auswirkungen auf den Körper, immer in den Bereich des rational Fassbaren fällt. Ich betone ausdrücklich: Die Wechselwirkungen zwischen Körper, Geist und Seele sind keine Einbahnstraßen! Es gibt keinen Primat des Geistes über die Materie, Materie wirkt auf den Geist, Geist auf die Materie – und so weiter.

Deshalb ist es überaus wichtig, die Dinge klar zu benennen und ebenso klar zu betrachten, wenn wir Aufklärung über das Heilen, seine Wirksamkeit und seine Mechanismen erhalten wollen. Ich möchte Ihnen das an einem interessanten Beispiel verdeutlichen:

Die Hypnose war einmal ein wichtiges magisches Handwerkszeug.

„Hypnose wurde wahrscheinlich schon in der Frühzeit des Menschen verwendet. Auch wenn es keine wissenschaftlichen Belege dafür gibt, lassen sich Berichte über kultische Handlungen oder Dinge aus dem Schamanismus durchaus mit Hypnose in Form der Selbst- oder Fremdsuggestion erklären. Es ist davon auszugehen, dass Hypnose eher zufällig entdeckt wurde und ihren Ursprung in meditativen und kultischen Handlungen religiösen Hintergrundes haben dürfte. Spekulativ kann man davon ausgehen, dass sich die Hypnose aus massenpsychologischen Manipulationen bei religiösen oder kultischen Riten sowie aus den selbstmeditativen Erfahrungen von Pries-

tern, Heilern und Schamanen entwickelt hat." (wikipedia, Stichwort Hypnose, Stand Januar 2007)

Als die „Priester (im alten Sinn), die Heiler und Schamanen" in unserer Vergangenheit ausstarben, oder vielmehr von den Funktionären neuerer, machtorientierter Religionen verdrängt wurden, geriet auch die Hypnose nahezu in Vergessenheit. Lediglich in einigen rituellen Elementen des christlichen Gottesdienstes lebte sie weiter, ebenso wie in manchen magischen Handschriften der beginnenden Neuzeit, deren Echtheit allerdings bezweifelt werden darf.

Erst um das Jahr 1770 herum wurde die Hypnose von Franz Anton Mesmer wieder entdeckt. Die Medizingeschichte bezeichnet diesen Zeitpunkt als den Beginn der wissenschaftlichen Auseinandersetzung mit der Hypnose, obwohl Mesmers Zeitgenossen ihn als Scharlatan verunglimpften und verfolgten. Mehrmals musste er vernichtende Kritiken wissenschaftlicher Gremien über sich ergehen lassen, sogar seine Praxis schließen und den Wohnort wechseln. Es dauerte sehr lange, bis tatsächlich ein erster Ansatz zur wissenschaftlichen Erforschung des Phänomens gemacht wurde.

Heutzutage ist der Einsatz der Hypnose für therapeutische Zwecke gesetzlich geregelt. Ihre Anwendung wird von den deutschen Krankenkassen anerkannt und bezahlt. (Das ist in den Augen vieler so ziemlich die höchste Weihe, die ein Therapieverfahren erlangen kann.)

Das wirklich Spannende an der ganzen Geschichte verbirgt sich aber in den vergilbten Seiten wissenschaftlicher Fachjournale:

Schritt 1: Als Mesmer die Hypnose als Therapieform präsentierte, wurde er von seinen zeitgenössischen Wissenschaftskollegen verunglimpft, weil die hypnotisch erzeugten Phänomene wissenschaftlich betrachtet unmöglich zu sein schienen. (Sie sind nämlich nur erklärbar, wenn man annimmt, dass der Geist den Körper beherrschen kann!) Deshalb wurde Betrug und wissentliche Täuschung vermutet.

Schritt 2: Nachdem der Pulverdampf sich ein wenig verzogen hatte, fanden sich einige unvoreingenommene Geister aus damals allerdings selbst noch wissenschaftlich mit Naserümpfen betrachteten Gebieten (Freud und die Psychoanalyse gehörten dazu), die das Phänomen untersuchten – und feststellten, dass es wirklich existierte.

Schritt 3: Schließlich nahmen sich die Physiologen und Neurologen der Sache an und fanden heraus, dass der hypnotische Prozess von eindeutig messbaren physiologischen Veränderungen begleitet wurde. Erklären konnten sie ihn allerdings nicht!

Schritt 4: Jetzt traten die materialistischen Positivisten auf den Plan, die erklärten, Hypnose sei lediglich eine Abfolge der Veränderung physiologischer Parameter, die – sozusagen wie Schaumkrönchen auf dem Bier – die Illusion mentaler Prozesse zur Folge hatten. (Reflex-Pawlow war daran beteiligt, aber auch Charcot und später Skinner)

Schritt 5: Heute stellt sich die Situation so dar, dass es eine ganze Reihe von Erklärungsmodellen für die Hypnose gibt. Das Dumme daran ist nur, dass sie sich zum Teil widersprechen oder sogar kategorisch gegenseitig ausschließen. Der Grund dafür liegt darin begründet, dass einige dieser Modelle tatsächlich auf positivistisch-materialistischen Voraussetzungen beruhen, während andere von Annahmen ausgehen, die in bedenkliche Nähe zu magischen Modellen geraten.

Diagramm 8: Der Prozess der Hypnose entsteht auf geistiger Ebene aus dem Zusammenwirken von Therapeut und Patient.

Der Prozess des Hypnotisierens läuft auf rein geistiger Ebene ab. Situationen, Umgebungen (Setting), Worte, Personen treffen aufeinander und erzeugen ein „Umfeld" in dem Hypnose geschieht. Dabei können wir Hypnose als veränderten Bewusstseinszustand definieren, der sich physiologisch betrachtet in der Veränderung bestimmter Messwerte dokumentieren lässt. Das ist natürlich ein magisches Modell, denn nach wissenschaftlichem Konsens kann es erstens ein nicht-materielles, nicht-energetisches Phänomen gar nicht geben. Und zweitens, wenn das wider Erwarten doch der Fall sein sollte, dann kann dieses nicht-existente Phänomen in keinem Fall auf Materie und Energie (unseren physischen Körper) einwirken. Das klingt erst einmal ziemlich abgedreht und vor allem unlogisch. Aber:

Der kritische Punkt liegt in der Umkehrbarkeit des Prozesses. Angenommen, es gelingt, alle physischen Veränderungen, die als Folge der Hypnose auftreten, genau zu erfassen. Des Weiteren angenommen, es gelingt, chemische Substanzen oder elektromagnetische Einwirkungsmöglichkeiten zu finden, die auf rein physischem Weg identische oder zumindest ähnliche körperliche Zustandsveränderungen herbeiführen. Was geschieht dann? Da die Verbindung zwischen Körper und Geist keine Einbahnstraße ist, wird sich im Geist der bewusstseinsveränderte Zustand der Hypnose einstellen – mechanisch induziert.

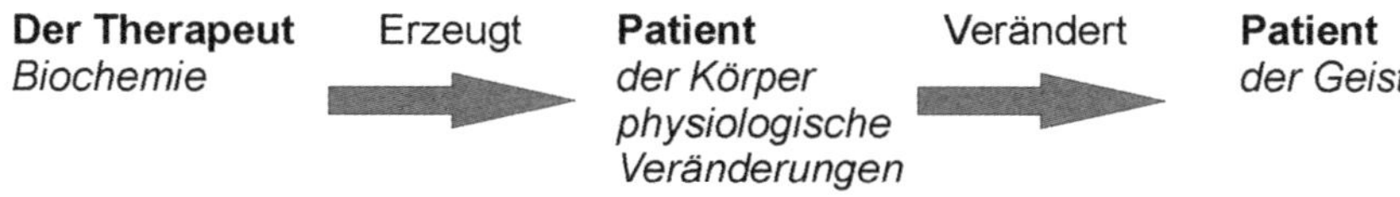

Diagramm 9: Denkbar ist aber auch eine biochemische Einwirkung auf den Körper des Patienten, die einen hypnotischen Zustand induziert.

An diesem Punkt triumphiert gewöhnlich die Wissenschaft und verkündet: „Alles nur körperliche Ursachen! Wir können hypnotische Zustände mechanisch erzeugen, also zeigt sich mal wieder, dass alles Denken nur die Folge biochemischer Abläufe auf rein körperlicher Ebene ist!"

Solche und ähnliche Behauptungen beruhen auf zwei durch nichts beweisbaren Annahmen, nämlich erstens, dass es so etwas wie den Geist gar nicht gibt und zweitens, sollte er doch als irgendwie existent angenommen werden, dass der Geist nichts als eine Spiegelung oder Abbildung körperlicher Prozesse sei.

Beide Annahmen sind jedoch ebenso schlicht wie nachweisbar falsch!

Erstens: Phänomene wie die Hypnose (und auch der Placeboeffekt) sind nicht denkbar, nicht einmal beschreibbar, ohne die Vorstellung von einem autonomen Geist als Teil des menschlichen Selbst.

Zweitens: Es gibt keine wissenschaftlich denkbare Versuchsanordnung, mit der sich beweisen ließe, dass körperliche Veränderungen den geistigen vorausgehen, dass geistige Prozesse nur durch mechanische Abläufe erzeugt werden. Der Grund dafür ist ganz einfach: Der Geist gehört nicht in das Gebiet des wissenschaftlich Fassbaren. Also lässt sich demnach nicht durch Messwerte dokumentieren, dass das Eine dem Anderen vorausgeht oder auch umgekehrt.

Das Modell von Körper, Geist und Seele beschreibt eine gegenseitige Abhängigkeit, ein symbiotisches Verhältnis der drei gleichgewichtigen Teile des Selbst, in dem je nach Kontext jedes der drei Teile einmal führen und ein andermal folgen kann. Und dieses Modell wird den Beobachtungen und Erfahrungen von den Erscheinungen der Welt viel mehr gerecht als eine einseitige Betrachtung, gleich, ob sie auf dem Primat des Geistes oder dem Primat der Materie beruht.

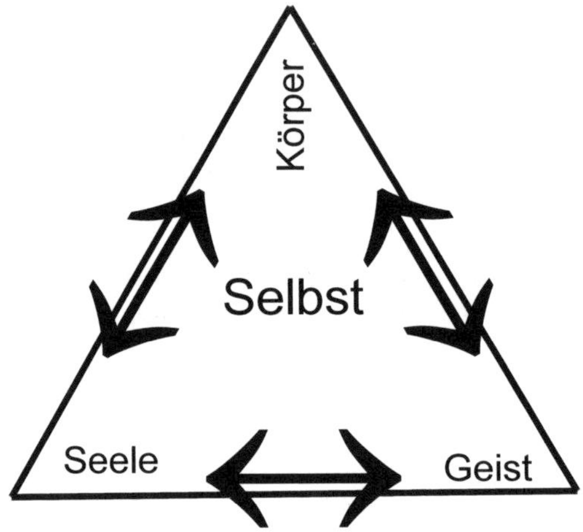

Diagramm 10: Das Selbst entsteht aus dem Zusammenwirken von Körper, Geist und Seele.

Wenn wir dies einmal als gegeben hinnehmen, dann stellt sich natürlich die Frage: Die Sache mit dem Geist ist ja gut und schön. Wir haben ja auch verschiedene „Geisteswissenschaften", zu denen die Psychologie übrigens nicht gehört. Ihr Gegenstand ist nach dem Selbstverständnis der Psychologen gerade nicht der Geist, sondern menschliches Verhalten und Erleben.

Wo aber bleibt da das Magische? Lassen sich nicht alle Erscheinungen des „geistigen Heilens" psychologisch erklären? Können wir nicht die psychische Wirkung ritueller Elemente, Suggestibilität und andere Einflussmöglichkeiten heranziehen, um das geistige Heilen völlig rational zu erklären?

> Es könnte tatsächlich so einfach sein – ist es aber nicht. Wenn das geistige Heilen nur Resultate erzielen würde, die auf dem Wege der „mechanischen" Therapie ebenfalls erreichbar wären, dann würde das wissenschaftliche Modell tatsächlich genügen. In Wirklichkeit jedoch lassen sich auf magischem oder göttlichem Wege Heilerfolge erzielen, die in einem rein mechanischen Modell nicht vorstellbar sind und stattdessen als Spontanheilung, Wunderheilung oder zumindest Placebo-Effekt zum Ärgernis werden.

Hier stoßen wir auf ein sehr merkwürdiges Missverständnis: „Magisch" scheint immer das Unerklärliche, Geheimnisvolle, Irrationale zu sein. Tatsächlich aber gibt es neben dem mechanischen auch ein Modell des Magischen, das ebenso rational ist, in sich „logisch" und „schlüssig" – und so bemerken manche Psychologen und andere gar nicht, dass sie Ausflüge in die Magie unternehmen, weil ihnen nicht deutlich ist, dass alle Abläufe im menschlichen Selbst drei Komponenten haben, die körperliche, die geistige und die seelische – und damit zu unterschiedlichen Teilen mechanisch, magisch und göttlich sind.

> Da haben wir das gesamte Problem in einem Punkt zusammengefasst: Jeder magische Prozess hat physische Auswirkungen (sonst wäre er in der materiellen Welt gar nicht erkennbar). Jeder physische Prozess hat magische Auswirkungen (sonst bliebe er auf die Welt des Materiellen beschränkt und könnte vom Geist gar nicht wahrgenommen werden.) So gesehen ist die Hypnose ein magisches Handwerk, denn sie zielt auf den Geist, der nicht materieller Natur ist und deshalb auch nicht Gegenstand der wissenschaftlichen Erforschung sein kann. Sie hat aber gravierende Auswirkungen in der Welt des Materiellen, die sich wiederum sehr gut erforschen lassen. Daraus zu schließen, die Hypnose sei eine „wissenschaftliche" Therapieform, ist jedoch nicht zulässig: Ihre Auswirkungen sind mechanischer Natur, ihr Wirkungsprinzip und ihr Gegenstand sind es jedoch nicht.

Kapitel 3

Was sind eigentlich „medizinische", „alternative", „magische" oder „göttliche" Heilmethoden?

Wenn wir unser Modell von Körper, Geist und Seele als Ausgangspunkt nehmen, dann fällt die Unterscheidung oder Zuordnung bei vielen Heilmethoden leicht, weil wir drei klar umrissene Kategorien zur Verfügung haben, in die wir sie einordnen können.

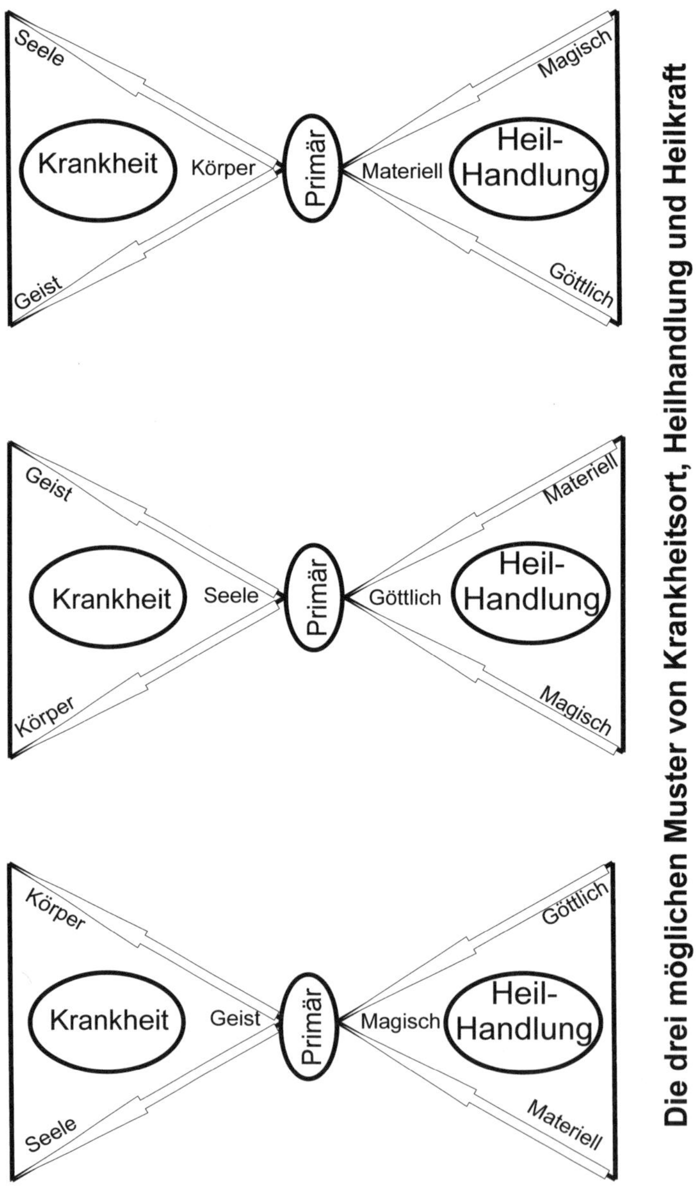

Diagramm 11: Drei mögliche Arten des Heilens, die nach ihrem primären Ansatzpunkt bestimmt werden.

Einige Heilverfahren entziehen sich jedoch erst einmal unseren Begriffen. Was heißt zum Beispiel „alternativ"? Alternative heißt eigentlich eine von zwei sich gegenseitig ausschließenden Möglichkeiten. Wenn von alternativen Therapien die Rede ist, dann dürfte wahrscheinlich eher eine andere (als die schulmedizinische) Möglichkeit gemeint sein.

Unter dem Begriff der alternativen Heilmethoden werden zwei Gebiete zusammengefasst, die eigentlich nichts miteinander zu tun haben. Zunächst einmal finden wir hier Methoden, die zwar schulmedizinisch nicht anerkannt sind, von denen jedoch vermutet wird, dass sie ihre Wurzeln in unserem materialistischen Weltbild haben, so dass ihre Anerkennung nur eine Frage der Zeit, der Forschung oder der Politik ist. Die Mediziner haben für sich die Sprachregelung gefunden, dass eine Heilmethode, für die es einen Wirkungsnachweis (also eine Statistik der Heilerfolge) und ein wissenschaftliches Beschreibungsmodell gibt, eben nicht alternativ ist, sondern medizinisch (also „wissenschaftlich anerkannt" und in das materialistische Weltbild passend). Dementsprechend gelten alle Heilverfahren, die diesen beiden Bedingungen nicht genügen, gar nicht erst als Heilverfahren.

Eine große Zahl alternativer Heilmethoden jedoch lässt sich definitiv nicht in das naturwissenschaftliche Modell pressen. Sie sind magischer oder göttlicher Natur, und wenn wir endlich mit den reflexartigen Versuchen aufhören würden, irgendwelche pseudo-wissenschaftlichen Erklärungen für sie finden zu wollen, dann könnten wir sehen, dass diese Heilweisen ihre eigenen Gesetze und Modelle haben und dass sie ebenso wirksam sind wie die schulmedizinischen Methoden.

Diese Gedanken müssen uns ganz klar sein, wenn wir das Problem wirklich verstehen wollen: Der menschliche Geist und erst recht die Seele sind nicht Gegenstand der Wissenschaft, sie existieren in den wissenschaftlichen Modellen nicht und können in diesen auch gar nicht existieren. Deshalb sind alle Heilverfahren, die mit dem Geist arbeiten (was auch immer das erst einmal heißen mag), vom Segen der Wissenschaft prinzipiell ausgeschlossen. Das heißt zum Beispiel, dass alle Heilverfahren, in denen Ruten, Pendel, kinesiologische Tests und ähnliche Indikationsverfahren benutzt werden, niemals wissenschaftliche Anerkennung finden können, weil das Diagnose-Werkzeug der Geist selbst ist, dessen „Inhalt" sich in den Indikationswerkzeugen lediglich manifestiert.

Das mag alles sehr seltsam erscheinen, aber sogar die Psychologie versteht sich ausdrücklich nicht als Wissenschaft vom menschlichen Geist, sondern als die empirische Beschäftigung mit dem menschlichen Verhalten und Erleben. Sagen wir es noch deutlicher: Der Geist als autonome Erscheinung der Welt hat aus prinzipiellen Gründen keinen Platz im materialistischen Weltbild. Eigentlich sollte uns das nicht wundern, denn der Geist ist weder Materie noch Energie (im physikalischen Sinne), er ist nicht wägbar und nicht messbar und unterliegt in keiner Weise den Naturgesetzen. Deshalb ist er magischer Natur.

Akupunktur – wissenschaftlich oder magisch

Nehmen wir als Beispiel einmal die Akupunktur: Für die Akupunktur wurde in mehreren, groß angelegten Studien ein Wirkungsnachweis erbracht. In einigen Fällen waren die Heilerfolge der Akupunktur sogar deutlich höher als die der konventionellen medizinischen Therapien. Allerdings gibt es keine wissenschaftliche Modellvorstellung davon, wie Akupunktur funktionieren könnte. Das chinesische Modell von den Meridianen und der Lebensenergie ist wissenschaftlich grundsätzlich nicht nachvollziehbar – aber eine andere Erklärung haben wir nicht. Jetzt gibt es also zwei Möglichkeiten: Entweder wir gehen davon aus, dass ein wissenschaftliches Modell noch gefunden werden kann, weil es bisher unbekannte materielle und mechanische Abläufe gibt, die nur auf ihre Entdeckung warten. Oder wir müssen uns mit dem Gedanken anfreunden, dass die Akupunktur ein ganz oder teilweise magisches Verfahren darstellt, das auf irgendeine Weise mit den Lebensenergien selbst arbeitet, die eindeutig in den Bereich des Geistes und der Seele fallen.

Homöopathie – wissenschaftlich oder magisch

Wer heilt, hat Recht! – Dieser Satz stimmt ganz gewiss und wir können daraus schließen, dass eine schlichte Statistik über Heilerfolge uns den Weg zu einem funktionstüchtigen Modell eröffnet, sofern wir uns erst einmal gar nicht darum kümmern, in welche Kategorie das Heilverfahren gehört. Welche Bedeutung diese schlichte Übereinkunft hat, möchte ich Ihnen am Beispiel der Homöopathie erläutern:

Es hat in den letzten Jahren etliche wissenschaftliche Untersuchungen zum Thema der Homöopathie gegeben. Alle diese Untersuchungen kamen letztendlich zu dem Ergebnis, dass die Therapieform nicht funktionieren kann, weil zumindest in den höheren Potenzen der Arzneien keine Spuren der wirksamen Substanzen mehr enthalten sind.

Nach diesem ersten Schritt der Untersuchung teilen sich gewöhnlich die Geister:

1. Die Einen verkünden mehr oder minder triumphierend: „Nichts dran, Alles Humbug!".

2. Die Anderen sagen: „Halt! Der Herstellungsprozess der Arzneien vermittelt bestimmte Informationsstrukturen an den Träger, an das Wasser – und diese Informationen transportieren die heilenden Wirkungen." Hier eröffnen sich wieder zwei Wege: Einerseits kennt die etablierte Wissenschaft diese Geschichte vom Wasser als Informationsträger nicht und weist sie wiederum als Pseudo-Erklärung und damit Humbug zurück, andererseits wäre es vielleicht denkbar, dass unser wissenschaftliches Modell vom Wasser an dieser Stelle eine Lücke aufweist, die theoretisch geschlossen werden könnte – oder auch nicht. Das jedoch ist eine Frage des Glaubens

und nicht des Wissens und deshalb wird die Homöopathie auch an dieser Stelle als unwirksam abgetan.

3. Die Dritten werden dann meist nicht mehr gehört, obwohl sie das eigentlich Wichtige benennen, sie sagen: „Moment mal! Eigentlich ist es doch egal, was es mit diesem Modell auf sich hat, denn die Statistiken zeigen eindeutig, dass diese Therapie Behandlungserfolge aufweist, die weit über den Rahmen des Zufälligen hinausgehen. Also muss doch etwas dran sein!" Für dieses Argument haben die Wissenschaftsgläubigen sich eine wunderbare Erklärung einfallen lassen, die da lautet: „Das ist doch nur der Placeboeffekt!"

Jetzt gibt es also wieder zwei Möglichkeiten: Entweder beruht die Homöopathie auf einem noch nicht entdeckten wissenschaftlichen Wirkungsprinzip, oder aber sie beruht auf dem Placeboeffekt, dem – wie wir im nächsten Kapitel sehen werden – Einbruch des Magischen in unsere nur scheinbar rational geordnete Welt, denn Eines kann niemand hinweg diskutieren, der eine Statistik lesen kann: Die homöopathische Therapie funktioniert, sie hat Heilungserfolge, die sich nicht hinweg erklären lassen, Heilungserfolge, für die wir ein Modell brauchen, um zu sehen, wie sie funktionieren und wie und wofür sie optimal angewendet werden können. (Ähnliches gilt übrigens auch für die Akupunktur, die noch gründlicher untersucht wurde als die Homöopathie!)

Bioresonanztherapie – wissenschaftlich oder magisch

Als weiteres und vorläufig letztes Beispiel möchte ich hier die Bioresonanztherapie, auch Bioinformationstherapie genannt, erwähnen. Dieses Heilverfahren hat – wissenschaftlich betrachtet – gleich zwei Schwachstellen: Erstens wird für Diagnose und Indikation gewöhnlich mit Rute oder Pendel gearbeitet, was, wie wir schon gesehen haben, zu sofortiger wissenschaftlicher Disqualifikation führt und zweitens hat das Verfahren eine technische Schwachstelle: Die einschlägigen Geräte wurden mehrfach auf ihre Wirkungsweise untersucht und es konnte nachgewiesen werden, dass sie die von den Herstellern behaupteten Effekte nicht produzieren können. Zumindest an einem Beispiel lässt sich das auch dem Laien verständlich machen: Ein Wirkungsprinzip besteht darin, dass körpereigene Schwingungen gemessen und invertiert (umgekehrt) wieder auf den Körper zurückgegeben werden. Dadurch soll erreicht werden, dass die Schwingung und die invertierte Schwingung sich gegenseitig aufheben oder auslöschen:

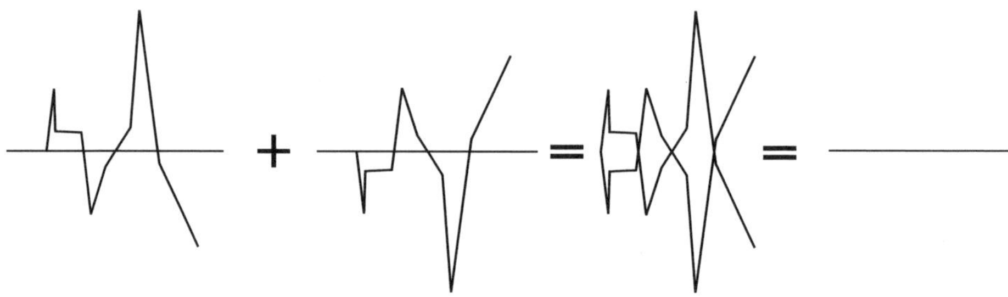

Diagramm 12: Die Auslöschung invertierter Wellen in der BRT

Durch einfache Messungen lässt sich nachweisen, dass diese Invertierung und Löschung in der Praxis nicht stattfindet, weil die elektronische Schaltung im Vergleich zu den invertierten Schwingungen relativ langsam ist, so dass die gegenseitige Auslöschung nicht erfolgt – im Gegenteil, die Schwingungen schaukeln sich gegenseitig hoch. (Hörner M.: Bioresonanz: Anspruch einer Methode und Ergebnis einer technischen Überprüfung, Allergologie, 1995, 18, S. 302 et al.)

Aus wenigstens diesen beiden Gründen bleibt der Bioresonanztherapie die wissenschaftliche Anerkennung versagt. Das heißt allerdings noch lange nicht, dass sie nicht doch funktioniert im Sinne von: „Wer heilt, hat recht!".

Mit dieser Frage nähern wir uns einem ziemlich kniffligen Thema, das aber für das Verständnis des Heilens außerordentlich wichtig ist.

Zunächst einmal müssen wir hinnehmen, dass es nach verschiedenen Untersuchungen keinen Wirkungsnachweis für die Bioresonanztherapie gibt, der über den Placeboeffekt hinausgeht. Schon diese Feststellung hat einige Haken und Ösen, auf die wir im nächsten Kapitel bei der Betrachtung des Placeboeffektes noch eingehen werden.

Nach meinen Beobachtungen gibt es unter den „Bioresonanzlern" einige Ärzte und Heilpraktiker, die regelmäßig überdurchschnittliche Heilerfolge erzielen, während andere dies nicht tun. Wenn wir einmal davon ausgehen, dass die BRT keine wissenschaftliche, sondern eine magische Heilmethode ist, dann darf uns das aber nicht wundern: Sie funktioniert sozusagen von „Geist zu Geist" und die Geräte sind lediglich Hilfsmittel der Form. Deshalb liegen die Qualifikation und damit die Voraussetzungen für den Heilerfolg nicht in den technischen Verfahren und Geräten, sondern in den Eigenschaften des Geistes von Therapeut und Patient, über die noch ausgiebig zu reden sein wird. Deshalb auch wird eine statistische Untersuchung der Wirksamkeit nur dann aussagekräftig sein können, wenn sie dies berücksichtigt, denn eigentlich darf sie ja nicht auf die Wirksamkeit von Gerät und Methode zielen, sondern müsste die heilerische Qualifikation des Therapeuten und die Heilungsbereitschaft des Patienten zum Gegenstand haben!

> Halten wir noch einmal fest: Wir kennen drei mögliche Arten und Kräfte des Heilens (siehe Diagramm 11), die materiellen (medizinischen), die magischen (geistigen) und die göttlichen (seelischen). Statistische Untersuchungen über die Wirksamkeit der Heilverfahren müssen das Modell berücksichtigen, das heißt, bei der Untersuchung medizinischer Heilverfahren geht es um Methoden und Geräte, alles Individuelle und Persönliche muss so weit wie möglich ausgeschlossen werden. Bei magischen und göttlichen Heilverfahren geht es um Geist und Seele und damit gerade um das Individuelle und Persönliche. Deshalb müssen Untersuchungen zur Wirksamkeit die persönlichen „Strickmuster" von Therapeut und Patient einbeziehen.

Wir werden im Laufe unserer Betrachtung noch herausfinden, welche Faktoren dabei eine Rolle spielen und demgemäß bei ernstzunehmenden statistischen Wirksamkeitsnachweisen berücksichtigt werden müssen. Das geschieht gewöhnlich nicht, weil Statistiker im allgemeinen aus der materialistischen Ecke kommen, sich mit wissenschaftlichen Gegenständen auskennen, aber keine Ahnung davon haben, wie Magie denn vielleicht funktionieren könnte.

Nachdem wir nun erst einmal geklärt haben, dass die so genannten alternativen Heilverfahren keine eigene Gruppe bilden, sondern sich letzten Endes entweder der medizinischen oder der magischen Seite zurechnen lassen, können wir unsere Dreiteilung noch einmal etwas genauer anschauen.

Zwischen Medizin und Magie

Es ist ganz klar, dass die Forschungs- und Therapiegegenstände der klassischen Medizin (der so genannten Schulmedizin) sich auf ein mechanisches Modell stützen. Sie alle zielen zwangsläufig direkt auf den Körper, weil es in den materialistischen Modellen außer dem Körper nichts gibt. Das gilt auch für Psychiatrie und Neurologie, die sich tatsächlich ausschließlich mit physiologischen Veränderungen befassen. Dass medikamentöse oder sogar operative Eingriffe direkt auf den Geist einwirken, dass Psychopharmaka nicht nur die Denkfähigkeit, sondern auch emotionale Zustände, die Wahrnehmung und auch Empfindungen verändern, ist zwar ganz klar und auch so gewollt. Dennoch leugnen alle diejenigen Psychiater und Neurologen, die mit beiden Beinen fest auf dem Boden des materialistisch-positivistischen Wissenschafts-Modells stehen, dass es so etwas wie den Geist überhaupt gibt.

Bei den Psychologen wird dies, wie wir bereits gesehen haben, sogar noch deutlicher. Eigentlich kurios: Die Psychologie beschäftigt sich empirisch mit dem menschlichen Verhalten und Erleben, nicht jedoch mit dem, was sich verhält und was erlebt, nämlich dem Geist. Das liegt natürlich daran, dass der Geist als autonome Erscheinung der Welt keinen Platz im materialistischen Weltbild findet. Das müssen wir als gegeben hinnehmen und können höchstens eines daraus lernen: Wer einen Psychologen aufsucht, weil eine psychologische Therapie indiziert scheint, sollte sich vielleicht vorsichtshalber danach erkundigen, wie es denn der Therapeut mit dem Geist hält (von der Seele soll hier gar nicht erst die Rede sein). Ich kann mir jedenfalls nicht vorstellen, mich einem Menschen anzuvertrauen, der mich als Maschine betrachtet und von der Existenz meines Geistes nichts wissen will. Andere fühlen sich aber vielleicht gerade mit dem Gedanken wohl, wissenschaftlich hardcoremäßig betreut zu werden. – Und natürlich gibt es viele Psychologen, die sich in einer wissenschaftlichen Grauzone bewegen, den Geist betreuen, aber materialistische Verfahren kassentauglich abrechnen.

Warum ist das eigentlich wichtig? Kann es uns nicht gleichgültig sein, ob in erster Linie der Körper therapiert wird, der dann den Geist beeinflusst und verändert? (Erinnern wir uns daran, dass das Verhältnis zwischen Körper und Geist keine Einbahnstrasse ist, und dass Veränderungen des Einen auch Veränderungen im Anderen nach sich ziehen!)

Wenn es denn stimmt, dass der Mensch nichts als eine Maschine ist, wäre das „mechanische" Verfahren sicher richtig. In diesem Modell sind „mentale Störungen" nur Spiegelungen biochemischer Veränderungen, die durch Entgleisungen des Hormonhaushalts oder andere physiologische Fehlfunktionen entstehen. (Lassen wir wieder einmal die Frage beiseite, wo denn diese Spiegelungen stattfinden, um niemanden in Verlegenheit zu bringen!) Eine entsprechende, auf den mechanischen Teil des Menschen gerichtete Therapie würde dann den gewünschten Erfolg bringen.

Ein interessantes Beispiel dafür sind aus dem NLP (NeuroLinguistisches Programmieren) bekannte Verfahren zur Behandlung von Phobien. Sie gehören weder in den medikamentösen noch den operativen Bereich, sondern richten sich auf Verhaltensstrukturen und Wahrnehmungsweisen. Oft sind diese Therapieformen sehr erfolgreich. Sie können eine Phobie innerhalb kürzester Zeit zum Verschwinden bringen. Allerdings muss der Patient damit rechnen, dass über kurz oder lang (eher nach recht kurzer Zeit) neue, andere Phobien an anderer Stelle wieder auftauchen.

Der Grund dafür ist darin zu suchen, dass alle auf das Mechanische (in diesem Fall Verhaltensstrukturen) gerichteten Therapien nur auf die Symptome zielen und die Ursachen, die im geistigen oder seelischen Anteil des Menschen liegen, außer Acht lassen.

Daraus die Schlussfolgerung zu ziehen, „mechanische" Therapien wären generell wirkungslos, wenn die Ursachen des Ungleichgewichts im geistig-seelischen Bereich angesiedelt sind, wäre allerdings ziemlich voreilig – schon allein deshalb, weil die Erfahrung zeigt, dass sie oft genug funktionieren. Betrachten wir die Situation genauer:

Aus einem inneren oder äußeren Erleben heraus entsteht ein geistiges oder gesamt-seelisches Ungleichgewicht. Wie man früher so poetisch sagte: Wir werden

„gemütskrank". Wenn es sich dabei nicht nur um eine vorübergehende Verstimmung handelt, wird sich diese Veränderung deutlich und dauerhaft auf die physiologischen Vorgänge in unserem Körper auswirken, ebenso wie auf unser Verhalten.

Diese physiologischen Veränderungen wirken naturgemäß wieder auf den Geist oder die Seele zurück. Daraus entsteht ein Kreislauf, der dazu neigt, sich zu stabilisieren und sich selbst zu erhalten.

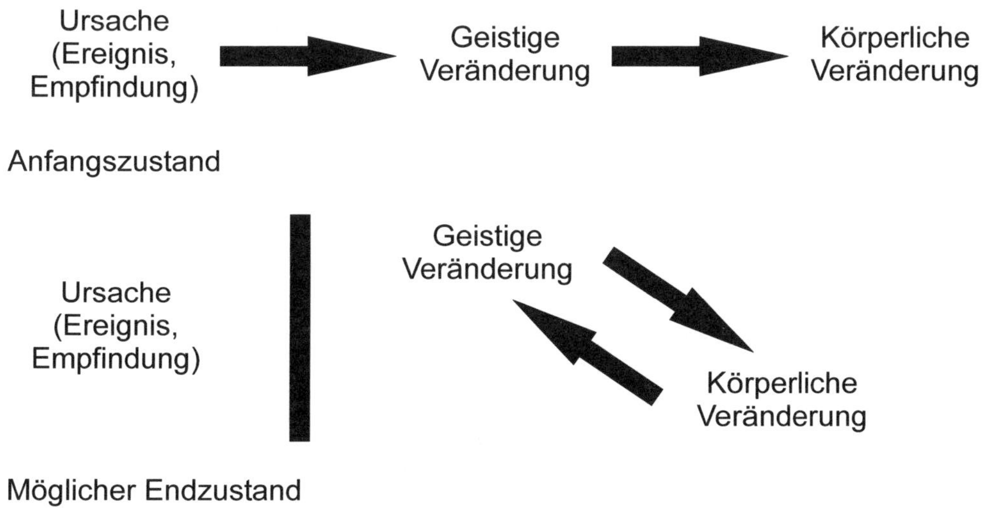

Diagramm 13: Verselbstständigung der Symptomatik
Durch eine Rückkopplung zwischen Geist und Körper kann sich die Symptomatik einer Erkrankung verselbstständigen und erhalten bleiben, auch wenn die Ursache sich schon aufgelöst hat.

Das Selbst verfügt über eine innere Stabilität oder eine Art Auto-Korrektur-Mechanismus, der dafür sorgt, dass geringere Abweichungen vom inneren Gleichgewicht sich selbst berichtigen können, so dass das System Körper-Geist- Seele wieder in den ursprünglichen Zustand zurück fällt. In solchen Fällen ist eine Therapie nicht unbedingt notwendig, aber eine therapeutische Unterstützung auf körperlicher oder auch geistiger Ebene kann den Heilungsprozess beschleunigen.

Bei größeren Abweichungen oder bei Störungen dieses Korrektur-Mechanismus' geschieht das jedoch nicht und der (ungleichgewichtige) Zustand festigt sich schon allein durch die oben beschriebene Rückkopplung.

Es kann sogar geschehen, dass die eigentlichen Ursachen des äußeren oder inneren Erlebens längst verschwunden sind, dass die Symptomatik aber durch den Rückkopplungsprozess erhalten bleibt. Auch in diesem Fall gibt es ein „Entweder – oder":

Auch hier gilt, dass sich der Kreislauf unterbrechen und aufheben lässt, gleich ob auf körperlicher oder geistiger Ebene angesetzt wird.

Wenn die eigentlichen Ursachen des Ungleichgewichts jedoch noch vorhanden sind, kann eine Therapie nur dann Erfolg versprechen, wenn sie genau dort, am Ort der Ursachen ansetzt, nämlich auf der geistigen Ebene. Erinnern wir uns daran, dass die Psychologie nicht die Wissenschaft vom Geist ist, sondern von Verhalten und Erleben. Deshalb wirkt sie von außen auf mechanische Elemente des Selbst ein, die lediglich indirekt auf den Geist zielen und deshalb auch nicht primär zur Ursachen-Therapie beitragen können. Es ist immer wieder seltsam und muss deshalb immer wieder betont werden: Innerhalb der psychologischen Wissenschaft existiert die Vorstellung vom Geist als einem autonomen Element des Selbst nicht! Forschung und Therapie zielen auf mechanische Elemente, hinter denen sich in diesem Modell genau nichts verbirgt.

Zwischen Schulmedizin und magischem Heilen

Wenn wir uns also vom allgemein Anerkannten und Akzeptierten weiter nach außen bewegen, dann wären als nächstes die Psychotherapeuten gefragt. Die Psychotherapie stellt insofern einen Problemfall dar, als ihr Gegenstand, also der menschliche Geist, etwas ist, das in der Wissenschaft und damit in allen schulmedizinischen Disziplinen nicht existiert. Nach den neueren Sprachregelungen hat man sich darauf verständigt zu sagen, dass die Psychotherapie den Geist des Menschen als Gegenstand hat und damit auf etwas zielt, was es methodologisch betrachtet gar nicht gibt, dass sie aber mit wissenschaftlichen Methoden (überwiegend psychologischen Methoden) daran arbeitet. – Und genau aus diesem Grund wird die Psychoanalyse auch von vielen Schulmedizinern (insbesondere Psychiatern, Neurologen und Psychologen) vehement als Humbug und unwissenschaftlich abgelehnt.

Da haben wir das Problem wieder, das wir schon im Zusammenhang mit der Hypnose (Kapitel 2) kennen gelernt haben! Körper, Geist und Seele sind so eng miteinander verwoben, dass sich alles auf alles Andere auswirkt. Ob eine Handlung (Therapie) mechanischer, magischer oder seelischer Natur ist, lässt sich nicht unbedingt an ihren Auswirkungen erkennen, denn diese erstrecken sich in unterschiedlicher Intensität auf alle drei Ebenen, sondern nur an ihrem Wirkungsprinzip und ihrem (primären) Gegenstand. So gesehen sind die Psychiater, die Neurologen und so eben und eben noch die (Schul-)Psychologen auf der sicheren Seite, während die Psychotherapeuten die schlechte Karte gezogen haben und zwischen den Stühlen sitzen.

Das magische Heilen

Inzwischen haben wir gelernt, dass magisches Heilen auf den Geist des Menschen und auf Teile seiner Seele zielt, dass es seinem Funktionsprinzip nach magischer

Natur ist, und dass es außer den zu erwartenden Auswirkungen auf Geist und Seelenteile auch Auswirkungen (sekundärer Art) auf den Körper und die gesamte Ebene des Materiellen hat. Magische Therapieformen sind immer dann indiziert, wenn die Ursache der Erkrankung oder des Ungleichgewichts im geistig-seelischen Bereich des Selbst lokalisiert ist.

Wenn das so stimmt, dann müssen wir natürlich fragen, was genau magisches Heilen ist und wie es funktioniert. Für die naturwissenschaftlich beschreibbaren Ebenen des Heilens, mit denen wir uns in den vorauf gegangenen Abschnitten beschäftigt haben, gibt es Modelle, die jeder nachvollziehen kann, der sich ausführlich mit ihnen befasst. Außerdem werden diese Modelle sozusagen einer täglichen Kontrolle unterworfen, denn ihre Qualität misst sich daran, ob ihre Anwendung die gewünschten Resultate erbringt. (Das allerdings ist nur graue Theorie, die im Alltag der Gewinnmaximierung des Medizinbetriebs nur allzu oft zum Opfer fällt.) Im Großen und Ganzen scheinen diese materialistischen Modelle recht erfolgreich zu sein, obwohl wir uns noch genauer anschauen müssen, was nach Abzug des Placeboeffekts und der in ihnen unerkannt enthaltenen magischen Anteile (die Wirksamkeit der rituellen Elemente) wirklich davon übrig bleibt.

Um es ganz klar zu sagen: Solche Modelle gibt es für das magische Heilen nicht. Einerseits neigen die „Praktiker" des Magischen (und des Göttlichen) offenbar gewöhnlich nicht zu der Art des formalisierten Denkens, die erforderlich ist, um solche Modelle zu entwickeln. Außerdem haben wir ja die Schwierigkeit, dass die Beobachtungen und Erfahrungen, die wir auf diesem Gebiet sammeln können, von der materialistisch-positivistischen Fraktion einfach geleugnet werden, so dass andererseits die Motivation zur Entwicklung solcher Modelle bisher immer ziemlich gering war.

Solange wir ein solches Modell noch nicht haben, müssen wir uns auf Erfahrungen und Beobachtungen stützen. Aus diesen entwickeln wir dann das Modell und machen anschaulich, dass es mit unseren Erfahrungen und Beobachtungen übereinstimmt. Dieses Modell ermöglicht Prognosen, also Voraussagen über das Eintreten von Ereignissen wie Heilungen, und anhand dieser Prognosen können wir danach daran gehen, die Funktionstüchtigkeit unseres Modells zu überprüfen. Das ist der normale, auch in der Wissenschaft übliche Prozess, den ich in diesem Buch zumindest ein Stück weit gehen will und muss, damit wir das Prinzip der Heilung wenigstens annähernd verstehen können.

Der erste Teil unseres Modells besagt, dass das menschliche Selbst aus Körper, Geist und Seele besteht.

Der zweite Teil enthält die Feststellung, dass es analog zu diesen drei Teilen auch drei Arten von Heilkräften und damit drei Arten von Heilungen und Heilern gibt.

Der dritte Teil gibt uns Auskunft darüber, dass diese drei Teile des Selbst unauflöslich, gleich wichtig und gleichgewichtig sind, so dass jede Heilkraft und jede Form der Heilung entweder direkt oder indirekt Auswirkungen auf alle drei Teile hat.

Doch wie geht es weiter? Wie sind diese Heilkräfte beschaffen und wie wirken sie auf das Selbst ein? Glücklicherweise gibt es in der Schulmedizin ein großes Ärgernis, nämlich den Placeboeffekt – und eine genauere Betrachtung dieses Placeboeffekts wird uns mehr Auskünfte über die magische Heilkraft geben.

Kapitel 4

Der Placeboeffekt
– das Magische in der Medizin

Spontanheilungen gibt es wirklich. Sie versauen hin und wieder die Statistiken der Mediziner. Spontanheilungen sind deshalb ärgerlich, weil sie sich wissenschaftlich nicht erklären lassen. Man könnte zwar die Vermutung anstellen, dass Spontanheilungen durch plötzliche, unerwartete „Fehlentwicklungen" eines komplexen biochemischen Mechanismus entstehen, aber soweit ich weiß, versuchen nicht einmal hart gesottene Materialisten unter den Forschern, sich auf diese Weise aus der peinlichen Affäre zu ziehen.

Spontanheilungen heißen deshalb spontan, weil sie völlig unerwartet, aus heiterem Himmel und ohne erkennbaren Anlass auftreten. Es wurde und wird deshalb von alternativer Seite viel darüber spekuliert, wie sich dieser Effekt therapeutisch ausnutzen lässt, wie man sozusagen Wunder normalisieren kann. Es wurden Übungsprogramme entwickelt, die das Vertrauen in die Gesundung durch Suggestionen, Autosuggestionen und Visualisierungen steigern und so zur Heilung beitragen sollten. Es gab den Versuch, Erkrankte durch die Beschäftigung mit den schönen und angenehmen Dingen des Lebens in eine positive Grundhaltung zu bringen, ihren Lebenswillen durch Hypnose zu stärken und so weiter. Doch nichts davon half wirklich zuverlässig. Spontanheilungen blieben spontan.

Noch schwieriger aber wird es mit dem so genannten Placeboeffekt, der gerade deshalb immer noch weitgehend in der medizinischen Forschung ignoriert wird, weil er regelmäßig und unter kontrollierbaren Bedingungen auftritt und so eigentlich prädestiniert für eine wissenschaftliche Herangehensweise sein müsste – aber die Ergebnisse könnten ja unangenehme Bewegung in den etablierten Medizinbetrieb bringen.

Vergegenwärtigen wir uns, worum es bei diesem Placeboeffekt (Placebo = was gefällt) eigentlich geht:

In kontrollierten Versuchen (auch in Doppelblind-Versuchen) bekommen Kranke bestimmte Medikamente und Kontrollgruppen erhalten Placebos, physisch völlig unwirksame Pillen aus Zucker und Milcheiweiß. Obwohl diese Pillen garantiert keine relevanten biochemischen Prozesse auslösen können, haben sie eine statistisch nachweisbare Heilwirkung, die zum Teil sogar erstaunlich groß ist.

Es gibt inzwischen sogar bemerkenswerte Experimente mit Placebo-Operationen. In einer groß angelegten medizinischen Untersuchung wurde nachgewiesen, dass eine bestimmte Art von Knieoperationen statistisch betrachtet eine genau so hohe Erfolgsquote nach sich zieht wie eine Scheinoperation, die für den (unwissenden) Patienten einschließlich der nur durch einen Schnitt entstandenen Schein-Operationsnarbe genau so aussieht wie die echte Operation.

Wohlgemerkt, hier geht es nicht nur um eine subjektive Besserung der Befindlichkeit, sondern um messbare Veränderungen materieller Größen. Es ist bemerkenswerter Weise sogar so, dass die Gabe eines Placebos genau die gleichen Veränderungen im Endorphinhaushalt und bei anderen physiologischen Messgrößen hervorrufen kann wie die Gabe des „echten" Medikaments. Für einen strikt materialistisch orientierten Mediziner ist das natürlich eine Quelle der Verwirrung und des Unglaubens: Ein bisschen Milcheiweiß, Zucker und Farbstoff kann die gleichen materiellen Veränderungen hervorrufen wie eine chemisch komplexe Substanz!

Also: Ein Mensch bekommt ein Placebo, glaubt, dass es ihm bei der Gesundung hilft – und genau das geschieht auch. Wenn wir dem materialistischen Ansatz folgen wollen, dass es nur biochemische Prozesse im menschlichen Organismus gibt, die für Gedanken und Empfindungen keinen Raum lassen, wenn der Mensch tatsächlich nur eine komplexe biochemische Maschine sein sollte, dann gibt es für dieses Phänomen keine Erklärung. – Oder vielleicht doch? Könnte es irgendwelche noch unbekannten materiellen Prozesse geben, die an Zucker und Milcheiweiß gebunden sind?

Das ist naturwissenschaftlich betrachtet völlig unmöglich, denn es gibt bei der Placebo-Gabe einfach keinen materiellen Mechanismus – ein Placebo ist nun mal chemisch betrachtet unwirksam.

Wo liegt das Problem? Das Problem besteht darin, dass in den wissenschaftlichen Modellen zwangsläufig Geist und Seele keinen Platz haben. In dem Augenblick, in dem wir annehmen, dass es den Geist (bleiben wir erst einmal dabei) wirklich gibt und dass vor allem Körper und Geist wechselseitig aufeinander einwirken, dann wird zumindest der erste Teil der Erklärung sehr einfach:

Fassen wir noch einmal zusammen: Einem Erkrankten wird ein Placebo verabreicht. Die Umstände sind so, dass ihm vorgespiegelt wird, oder dass er selbst unwillkürlich annimmt, dass ihm Hilfe gewährt wird. Dies führt dazu, dass er an eine Heilungswirkung glaubt, und dieser Glaube wiederum löst in seinem Metabolismus biochemische Veränderungen aus, die zu einer Heilung oder Besserung führen.

Aus der Sicht der forschenden Mediziner ist dieser Prozess völlig unerklärlich, weil sie von der These ausgehen, dass der Mensch entweder nur eine wenn auch sehr komplexe Maschine ist, oder aber, dass seine Gedanken und Empfindungen ausschließlich von biochemischen Prozessen ausgelöst werden und diesen somit zwangsläufig folgen.

Der Placeboeffekt beweist jedoch schlüssig, dass es zumindest in bestimmten Fällen auch anders ist, denn in ihm wird ein Mechanismus, ein Ablauf deutlich, in dem Gedanken und Empfindungen den biochemischen Prozessen nicht nur vorausgehen, sondern sie sogar erst auslösen.

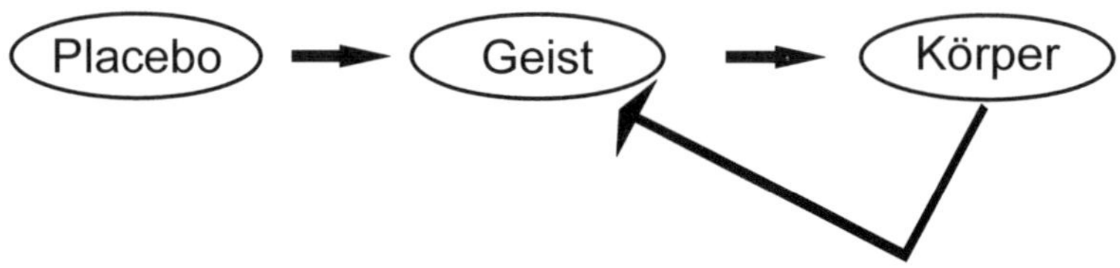

Diagramm 14: Ein Placebo-Medikament wirkt über den Geist auf den Körper ein, dessen Veränderungen wiederum den geistigen Zustand beeinflussen.

Betrachten wir den Placeboeffekt doch einmal anders herum: Jeder Erwachsene Mensch verfügt über eigene Erfahrungen und über ein reiches Repertoire an berichteten Erfahrungen mit Krankheiten und Heilungen. Die Einnahme eines Medikaments fügt sich deshalb in einen rituellen Kontext, der in diesem verinnerlichten Erfahrungsreichtum zu Heilungen führt. Wird dem Patienten nun ein Placebo wie ein Medikament verabreicht, so entfällt zwar die materielle Komponente, die zur Heilung beiträgt, die rituelle bleibt jedoch bestehen – und ihre Heilungswirkungen damit ebenfalls.

Erfolgreiche Heilungsrituale werden nicht nur von Medizinern durchgeführt, sondern auch von vielen anderen Heilern, von Schamanen, Geistheilern, Hexen und mehr. Diese Menschen berufen sich oft auf das Magische in der Welt, auf die Anderswelt, auf helfende Geistwesen, auf immaterielle geistige oder gar göttliche Kräfte. Das führt zwangsläufig zu der Frage, ob sich im Placeboeffekt, diesem Ärgernis der Medizin, tatsächlich ein Einbruch des Magischen in die Welt manifestiert, oder ob es vielleicht nicht doch noch eine andere, rationale Erklärung gibt.

Es fällt vielen Menschen leichter, daran zu glauben, dass es eine wissenschaftliche Erklärung geben könnte, die wir noch nicht kennen, als eine Erklärung anzunehmen, die auf dem Axiom der Existenz des Magischen in der Welt beruht. Ein solches wissenschaftliches Modell müsste jedoch

- das zumindest gelegentliche Primat der Gedanken und Empfindungen anerkennen,
- und einen Mechanismus beschreiben, durch den etwas Immaterielles, in den Modellen der Physik, der Chemie und der Biologie nicht Existierendes (nämlich Gedanken und Empfindungen) Einfluss auf etwas Materielles (unseren Körper) nehmen kann.

Genau diesen Versuch hat der bereits erwähnte Neurologe und Nobelpreisträger John C. Eccles unternommen: Er hat das Modell einer neurophysiologischen Schnittstelle entwickelt, über die (immaterielle) Gedanken Einfluss auf unseren Körper nehmen können und es dann dem Philosophen Karl Popper überlassen, Auskunft über das Modell der Gedanken und damit des Geistes zu geben, weil damit der Bereich der Wissenschaften überschritten worden war.

Allerdings geschah tatsächlich das, was eigentlich zu erwarten war: Das Modell wurde von der Gemeinschaft der Wissenschaftler nicht anerkannt. Es wurde nicht einmal ernsthaft einer Prüfung unterzogen, weil offenbar schon der Gedanke einer Grenzüberschreitung die Denkmöglichkeiten des wissenschaftlichen Gemüts zu sehr strapazierte.

Diese Problematik hat sicher damit zu tun, dass unser gängiges Weltbild sich im Laufe der letzten 250 Jahre so sehr auf die rational-materialistische Denkweise verengt hat, dass andere Modelle gar nicht mehr zu existieren scheinen. Deshalb halte ich es auch für sinnlos, in irgendeiner Weise zu argumentieren, solange nicht ein plausibles Modell des Magischen vorgestellt wird, das in einer symbiotischen Wechselwirkung mit den existierenden wissenschaftlichen Modellen einfache und einleuchtende Beschreibungen menschlicher Erfahrungen und Beobachtungen ermöglicht.

Kehren wir also noch einmal zu dem Gedanken zurück, dass jede Betrachtung und Ausdeutung der Welt auf Erfahrungen und Beobachtungen beruht und dass jedes Modell daran gemessen werden muss, ob es uns die Orientierung in der Welt und einen erfolgsorientierten Umgang mit ihr ermöglicht.

Stellen wir fest, dass es Erscheinungen wie den Placeboeffekt und Spontanheilungen gibt, die aus den existierenden Modellen herausfallen und schauen wir uns um, ob sich nicht andere Modelle finden lassen, die uns eine Orientierung ermöglichen. Dafür müssen wir zunächst einmal Erfahrungen und Beobachtungen sammeln und herausfinden, was wir daraus lernen können:

1. Jedes Medikament und jede medizinische Therapie enthält einen Anteil, der auf dem Placeboeffekt beruht. Dieser Anteil kann bis zu 50 % betragen.

2. Es ist bekannt, dass ein Drittel, möglicherweise sogar die Hälfte der von Ärzten verordneten Medikamente keine spezifische Wirkung auf die diagnostizierte Erkrankung haben, weil entweder die Diagnose falsch oder das verordnete Medikament für die Erkrankung wirkungslos ist. Dennoch kann die Behandlung effektiv sein, also letzten Endes zur Heilung führen. Außerdem verordnet jeder zweite deutsche Arzt regelmäßig „Scheinplacebos", also Vitaminpräparate und ähnliche Mittel, die zwar insgesamt gesehen eine wohltuende Wirkung haben, aber nicht gegen die diagnostizierte Krankheit wirken.

3. Wir dürfen durchaus davon ausgehen, dass der Anteil des Placeboeffekts noch wesentlich größer sein könnte. In den medizinischen Untersuchungen zu diesem Thema wird der Placeboeffekt schließlich eher als Ärgernis betrachtet und nicht systematisch in der Form seiner größtmöglichen Wirksamkeit eingesetzt. Das können wir aus

der Tatsache schließen, dass die Art (äußere Anmutung) eines Placebos und die Form seiner Verabreichung einen deutlichen Einfluss auf die Wirkungsgröße haben.

4. Nach unserer Vorstellung von der Dreiteilung des Selbst in Körper, Geist und Seele und den zugeordneten Eigenschaften materiell, magisch und göttlich können wir den Bereich des Placeboeffekts dem magischen Teil der wirkenden Kräfte zuordnen.

Halten wir also fest: Der Geist ist in der Lage, körperliche Prozesse auszulösen, die zu einer Heilung führen können – und umgekehrt: Der Körper kann Veränderungen des geistigen Zustands erzeugen.

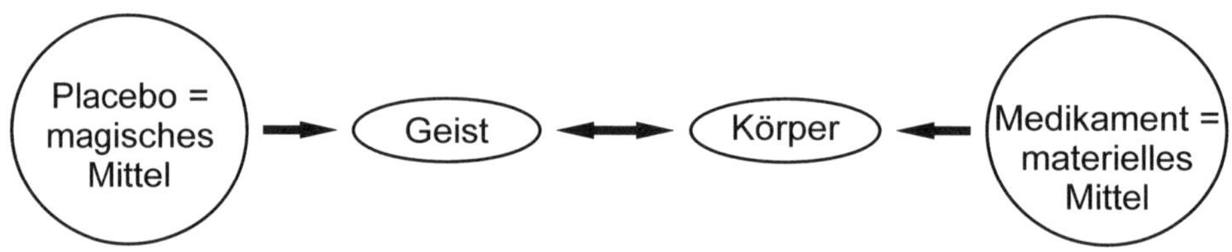

Diagramm 15: Das Placebo stößt den Geist an, der auf den Körper einwirkt, das medizinische Medikament wirkt auf den Körper und dieser wiederum auf den Zustand des Geistes.

Aus einer weiteren Betrachtung des Placeboeffekts können wir noch mehr Rückschlüsse auf die Beschaffenheit eines magischen Mittels ziehen:

1. Zur Wirksamkeit des Mittels gehört der Glaube an die Wirksamkeit. Neu auf den Markt kommende Medikamente haben gewöhnlich einen höheren Wirkungsgrad als schon länger bekannte Arzneien. Offensichtlich glaubt der Patient bei neuen Medikamenten eher an eine „Wunderwirkung" als bei etablierten Mitteln, von denen nun einmal der Erfahrungswert vorliegt, dass auch sie in der Vergangenheit eben doch keine Wunder bewirkt haben. Auf Kleinkinder und Tiere wirkt der Placeboeffekt nicht. Kleinkindern und Tieren kann man nicht verständlich machen, dass sie da gerade ein hochwirksames Medikament schlucken, das ihnen sicher helfen wird..... Deshalb können sie auch nicht daran glauben, dass ihnen geholfen wird und deshalb findet auch keine Heilungswirkung statt. (Das heißt allerdings nicht zwingend, dass es nicht andere magische Mittel oder Verfahren geben kann, die sich hier anwenden lassen.)

2. Der Glaube an die Wirksamkeit ist sehr differenziert. Es ist bekannt, dass die Farbe, die Form und die Größe einer Placebo-Pille auf den Grad der Wirksamkeit einen Einfluss haben. Auch die Art der Darreichung (also der rituelle Anteil) bestimmt

über die Wirksamkeit. (Immerhin wissen in einer Doppelblind-Studie weder die Ärzte noch die Patienten, ob ein wirksames Medikament oder „nur ein wirkungsloses Scheinpräparat" verabreicht wird. Das dürfte aus dem rituellen Anteil so ziemlich die Luft rauslassen.)

3. Der Glaube an die Wirksamkeit beruht zu einem Teil auf eigenen Erfahrungen und einem Repertoire an berichteten Erfahrungen mit Krankheiten und Heilungen. Zum anderen Teil beruht er auf einem „Urvertrauen" in den Zustand der Welt, in das Maß an Ordnung, Sinn und Bedeutung, das wir der Welt, also dem „Großen Muster" beilegen und dem Platz, den wir uns selbst in der Welt zuweisen. (Das ist nach unserem Modell übrigens die Domäne des Seelischen und nicht mehr die des Geistes!)

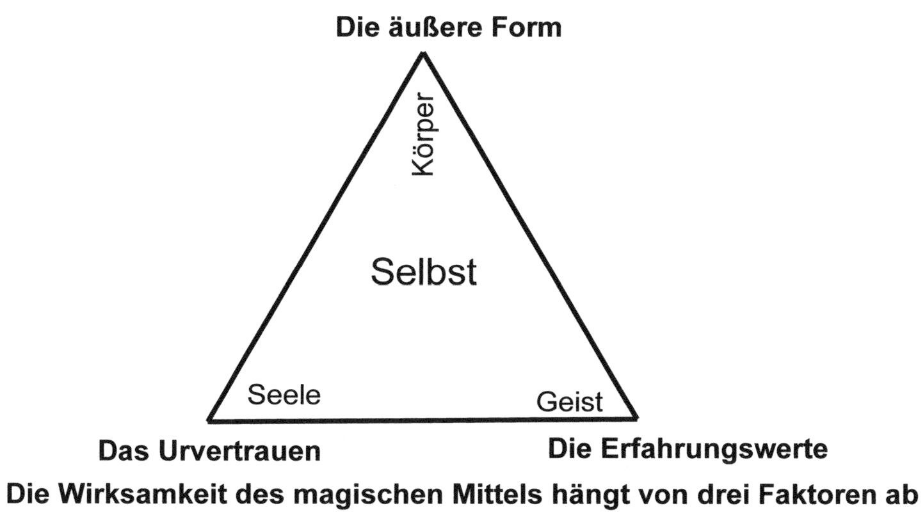

Diagramm 16: Die Wirksamkeit des magischen Mittels hängt von drei Faktoren ab: Vom Urvertrauen in die Möglichkeit einer Heilung, von der aus Erfahrungswerten gespeisten Heilungserwartung und von seiner äußeren Form.

Fassen wir einmal zusammen: Ein medizinisches Medikament oder Verfahren (ein materielles Mittel) wirkt auf den Körper, dessen Veränderungen sich auf Geist und Seele auswirken. Ein magisches Mittel oder Verfahren wirkt auf den Geist, dessen Veränderungen sich auf Körper und Seele auswirken. Dementsprechend wirkt ein göttliches Mittel auf die Seele, deren Veränderungen sich auf Geist und Körper auswirken.

So wie ein medizinisches Medikament eine bestimmte Struktur (chemische Zusammensetzung) benötigt, um wirken zu können, so braucht auch das magische (und wie wir noch sehen werden – ebenso das seelische) Mittel eine konkrete äußere Form, um seine Wirkung zu entfalten.

Wenn wir einmal voraussetzen, dass die jeweiligen Mittel und Verfahren optimal konzipiert sind und sachgerecht angewendet werden, dann könnten wir so eine Art „Rechenschieber" zurecht machen, an dem wir die im Falle einer Erkrankung nötigen Heilungsmaßnahmen ablesen können. Dieser Rechenschieber ist noch sehr primitiv, aber wir werden ihn im Laufe unserer Betrachtung noch verfeinern.

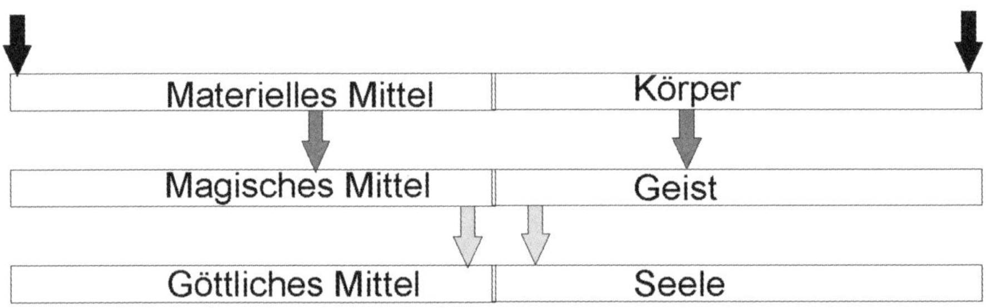

Diagramm 17: Rechenschieber für den Fall Beinbruch

Ein Beinbruch spielt sich gewöhnlich ganz oder überwiegend auf der materiellen, körperlichen Ebene ab. Daher ist das Mittel der Wahl heute auch die Chirurgie, so wie es früher einmal das Knochensetzen war. Mit magischen Mitteln lassen sich erstaunliche Erfolge bei der Heilungsbeschleunigung erziehen, während eine Heilung der Seele eher selten in Frage kommt.

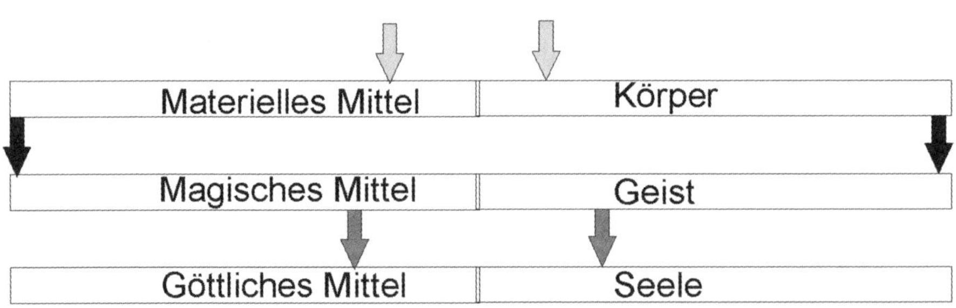

Diagramm 18: Rechenschieber im Fall einer reaktiven Depression

Eine reaktive Depression entsteht aus einem aktuell belastenden Ereignis heraus, das heißt, sie entsteht im Geist, wirkt sich dort besonders intensiv aus und strahlt dann möglicherweise allmählich auf Körper und Seele aus. Das Mittel der Wahl wäre deshalb hier am ehesten eine Gesprächstherapie, sozusagen ein Gespräch von Geist zu Geist, das überwiegend magischer Natur ist, aber auch seelsorgerische Anteile hat. Beruhigungsmittel oder Stimmungsaufheller für den Körper wären möglicherweise auch indiziert, auch wenn man sich über ihren Nutzen von Fall zu Fall streiten kann.

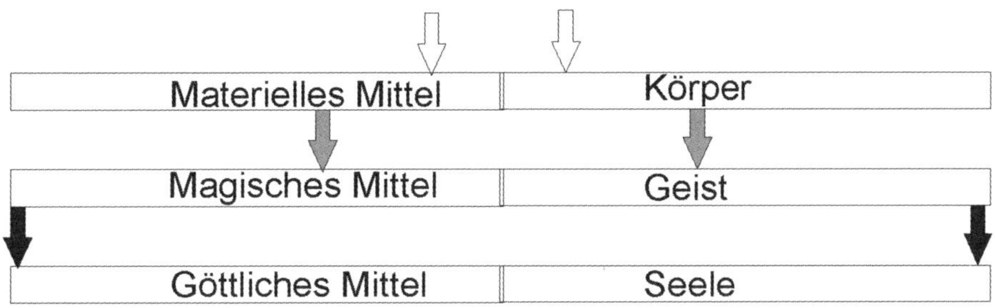

Diagramm 19: Rechenschieber im Fall einer endogenen Depression

Eine endogene Depression tritt „einfach so" auf, ohne erkennbare Ursache. In jedem Fall darf vermutet werden, dass das Urvertrauen in Mitleidenschaft gezogen worden ist, dass es einen möglicherweise verborgenen Mangel der Seele gibt, der uns unseren Platz in der Welt nicht mehr erspüren lässt und der unsere Empfindung für das Große Muster von Ordnung, Sinn und Bedeutung trübt oder zerstört. In diesem Fall wäre die Betreuung der Seele (also das göttliche Mittel) an erster Stelle zu nennen, während Geist und Körper folgen.

Bitte unbedingt beachten: Diese Beispiele sind konstruierte Fälle, mit denen ich das Arbeitsprinzip verdeutlichen will. Sie dürfen in keinem Fall als Therapievorschlag verstanden werden! Jeder Mensch ist anders und jede Erkrankung dementsprechend auch. Nur der Fachmann kann sinnvolle Therapievorschläge machen, die auf dem tatsächlichen, konkreten Zusammenwirken von Körper, Geist und Seele im einzelnen Fall beruhen. Klar sollte allerdings sein, dass in den meisten Fällen ein Zusammenwirken der drei Behandlungskräfte den größtmöglichen Erfolg verspricht, jedenfalls dann, wenn eine Erkrankung stärker und langwieriger ist.

Nachtrag

Am 25.6.2007, einige Wochen nach Fertigstellung dieses Manuskripts, erschien im SPIEGEL eine hochinteressante Titelgeschichte (Die Heilkraft der Einbildung, Seite 134 ff). Sie zeigt, dass sich zumindest in einigen Punkten die wissenschaftliche Meinung sehr langsam und allmählich ändert. Zitate:

„Das „Placebo-Effekt" … genannte Phänomen dürfte das mächtigste Werkzeug der Heilkunde überhaupt sein."

„Das Verständnis des Placebo-Effekts könnte helfen, eines der größten Geheimnisse der menschlichen Natur überhaupt zu begreifen: die Verknüpfung von Seele und Leib."

Allerdings richtet sich das Interesse der Forscher doch wieder ausschließlich auf den körperlichen, materiellen Teil dieser Verknüpfung. Das ist allerdings auch zu erwarten, denn wie wir in diesem Buch gesehen haben, entzieht sich das gesamte Gebiet des Geistes dem wissenschaftlichen Zugang.

Kapitel 5

Knochensetzer und Schamanen

Die beiden größten Errungenschaften der wissenschaftlich begründeten Medizin sind die „Entdeckung" und Entwicklung der Hygiene und die zahlreichen Methoden und Therapien der Notfall-Medizin.

Selbst diejenigen, die laut und energisch gegen die Schulmedizin wettern, nehmen ihre Segnungen täglich in Anspruch: Körperpflege von der Zahnpasta bis zur Seife, Grundgebote der Reinlichkeit, gesunde Ernährung – auch das sind Errungenschaften der Medizin, die mehr als alles andere zur Lebensverlängerung und zur Verbesserung der Lebensqualität beigetragen haben.

Vom Knochenbruch über den folgenreichen Autounfall bis hin zum Herzinfarkt: Wir sollten dankbar dafür sein, dass es die Notfallmedizin gibt, auch wenn ihr bitteres Ende, nämlich die apparative Lebenserhaltung über das eigentliche Ende des Lebens hinaus, sicher diskussionswürdig ist.

Wenn wir uns bei den so genannten „Naturvölkern" umschauen, werden wir feststellen, dass es auch dort eine Teilung der Methoden entsprechend dem Modell Körper-Geist-Seele gibt.

Der Knochensetzer ist zuständig für die „chirurgische" Behandlung des Beinbruchs, der Schamane begleitet die Therapie mit seinen Methoden, um die Erfolgsaussichten zu verbessern und die Heilung zu beschleunigen. Die Kräuterfrau kennt sich mit der allopathischen Wirkung der Pflanzen aus, während die Hexe für die magischen Wirkungen der Pflanzen zuständig ist.

Priester oder Priesterinnen erbitten den Beistand oder das Wohlwollen der Götter, Schamanen mobilisieren die Kräfte und Wesen der Anderswelt, der Knochensetzer legt Schienen und Verbände an. Das ist wirklich ganzheitliches Heilen – auch heute noch.

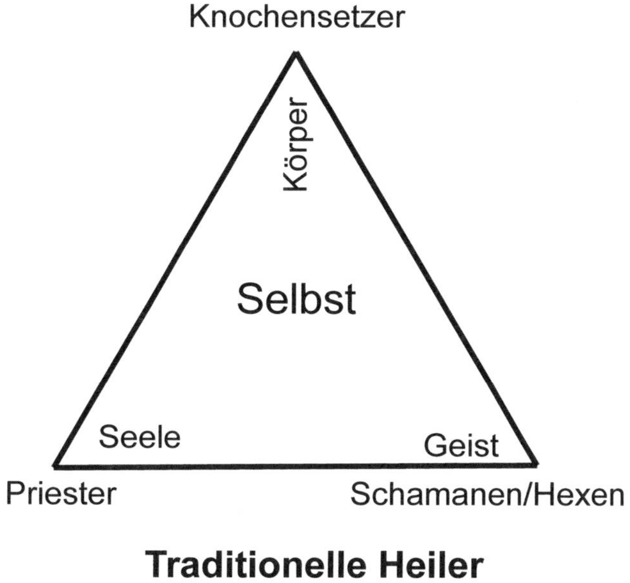

Diagramm 20: Die der Dreiheit von Körper, Geist und Seele zugeordneten traditionellen Arten von Heilern

Natürlich ist es aus unserer (jüngeren) Geschichte heraus verständlich, wenn wir heute der Schulmedizin skeptisch gegenüber stehen. Wir sollten jedoch nie vergessen, dass es dafür eigentlich nur zwei stichhaltige Gründe gibt:

Erstens hat unser Gesellschaftssystem dazu geführt, dass auch die Heilkunst zu einem profitorientierten Wirtschaftszweig mutiert ist. Deshalb können wir nie sicher sein, ob die Ärzte tatsächlich nach bestem Wissen und Gewissen in unserem Interesse handeln, oder gerade mit der Finanzierung eines teuer gewordenen Bauherrenmodells beschäftigt sind, oder ob die Pharmaindustrie mit Gewalt ein neues Medikament auf den Markt drücken will.

Zweitens verhindert der Alleinvertretungsanspruch der Medizin, dass andere Erfolg versprechende Heilmethoden angewendet werden.

Doch seien wir ehrlich: Auch Schamanen und andere Heiler im Bereich des Magischen und des Seelischen sind Dienstleister, die angemessen bezahlt werden wollen und es gibt mehr als genug „alternative" Heiler, die bewusst oder unbewusst verhindern wollen, dass ihre Klienten schulmedizinische Dienste in Anspruch nehmen.

Überall gibt es Menschen, die irren und fehlgehen können, das darf man nicht den Schulmedizinern alleine vorhalten! Außerdem sind auch diese Heiler Sachzwängen unterworfen. Durch unsere Krankenkassenbeiträge werden bestimmte Leistungen bezahlt. Wenn wir mehr wollen, zum Beispiel die Zuwendung des Arztes, seine Zeit, unseren Problemen zuzuhören, sich ausführlich mit unserem Zustand auseinanderzusetzen, dann müssen wir auch bereit sein, für diese Leistungen zu bezahlen – extra, privat, direkt aus unserer eigenen Tasche. Und wenn uns dieser Zustand nicht gefällt, dann sollten wir durch unser gesellschaftlich orientiertes Handeln dazu beitragen, dass diese Struktur unseres Systems geändert wird.

Was ich damit sagen will:

Wir sollten uns durch die ganz offensichtlich vorhandenen Missstände auf dem Gebiet der Schulmedizin nicht dazu verleiten lassen, sie nebst ihren unbestreitbar vorhandenen Errungenschaften über Bord zu werfen oder gering zu schätzen. Es entspricht den Traditionen unserer eigenen Vergangenheit und auch den gelebten Erfahrungen der Völker, deren Traditionen heute noch ungebrochen sind, dass Heilverfahren für Körper, Geist und Seele ausgeübt werden, die gleichberechtigt nebeneinander stehen, so wie diese drei Teile des menschlichen Selbst auch gleichgewichtig und gleichberechtigt existieren.

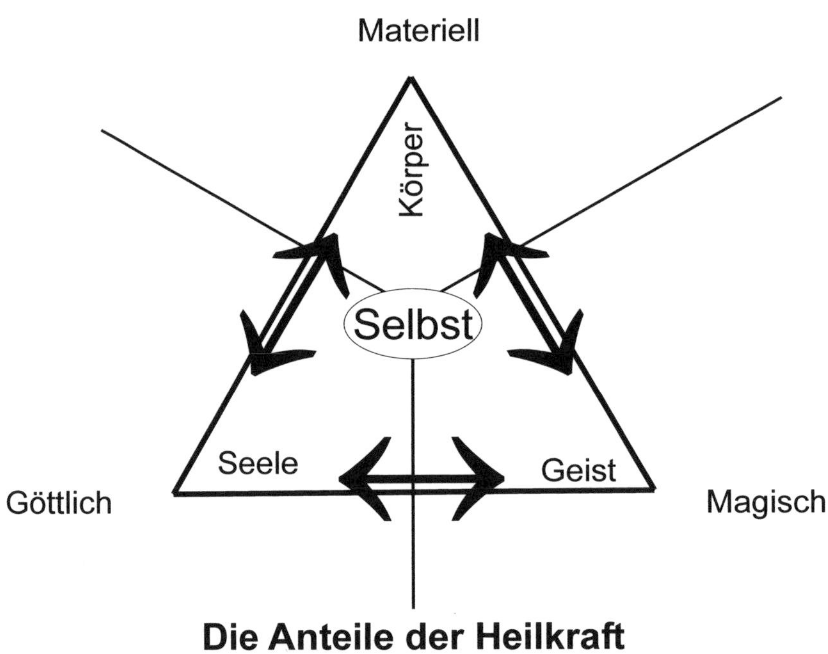

Diagramm 21: Jede Form der Heilung enthält in unterschiedlichem Maß Anteile der materiellen, magischen und göttlichen Heilkraft.

Was uns in unserem System, aber auch in unseren Köpfen gewöhnlich fehlt, ist die Kenntnis darüber, wann welche Methoden angemessen sind. Deshalb habe ich in den ersten Kapiteln dieses Buches versucht, die Dreiteilung des Selbst und die daraus entstehende Dreiteilung des Heilens möglichst klar und ausführlich darzustellen. Wer dem bis hierhin gefolgt ist, hat gesehen, welche Möglichkeiten es gibt, aber vielleicht noch nicht, wann welches Verfahren angemessener ist als ein anderes.

Grundsätzlich ist hier anzumerken, dass eigentlich immer alle drei Heilungsebenen zugleich angemessen sind, wie wir bei der Konstruktion unseres „Rechenschiebers" bereits gesehen haben. Nur die Prioritäten können sich von Fall zu Fall verschieben. Betrachten wir das einmal genauer:

Von der Gesundheit der Seele

Gesund sein heißt unter Anderem und als Grundlegendes, sich zuhause zu fühlen. Was bedeutet das? Jeder Mensch braucht eine Orientierung in der Welt, das Gefühl, dass die Dinge ihren angemessenen Verlauf nehmen, dass es Sinn und Bedeutung in der Welt gibt, dass das kollektive ebenso wie das individuelle Leben einen Sinn hat, dass man den zugewiesenen und angemessenen Platz in der Welt einnimmt. Kurz, was wir brauchen, ist die tiefe innere Sicherheit, das Urvertrauen darein, dass die Welt letzten Endes geordnet ist, auch wenn das zu einer gegebenen Zeit und an einem gegebenen Ort einmal nicht der Fall sein sollte.

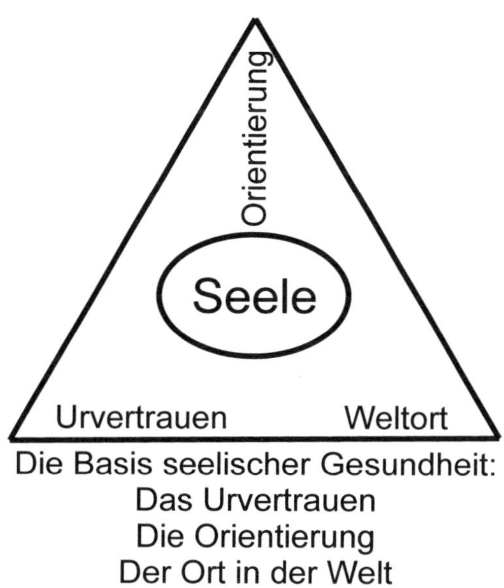

Diagramm 22: Die Gesundheit der Seele beruht auf drei Faktoren: 1. Auf der Orientierung in der Welt anhand von Sinn und Bedeutung, 2. auf der Vorstellung, dass die Welt letzten Endes wohlgeordnet ist oder sein kann und 3. auf der inneren Sicherheit, den richtigen Platz in der Welt gefunden zu haben.

Schamanen ebenso wie Hexen sind sehr aktive, auf Handeln ausgerichtete Menschen. Sie sehen, dass die Erschaffung der Welt nicht zu Ende ist, sondern dass sie jetzt und in jedem Augenblick geschieht. Deshalb wissen sie auch, dass alle Lebewesen in der Welt an dieser Schöpfung mitwirken. Wenn wir Menschen eine bestimmte Vorstellung von der Welt haben, von Gerechtigkeit und Ordnung, von Schönheit und Sinn, dann sind wir selbst dafür verantwortlich, diese zutiefst menschlichen Konzepte und Wünsche in unseren Teil der Welt hineinzutragen, statt an ihrem Zustand zu verzweifeln und ihn zu bejammern.

Das meine ich mit Urvertrauen: Natürlich sieht jeder, der die Welt mit offenen Augen anschaut, dass sie nicht so ist, wie sie (in unserem menschlichen Verständnis) sein sollte. Oft führt das zu den beiden uralten Klagen: „Warum ausgerechnet ich?" und „Warum haben die Götter uns verlassen?" Ein Schamane würde die Ärmel aufkrempeln, sich umschauen und fragen: „Wo kann ich anpacken, was kann ich dazu beitragen, die Dinge zu ändern?" Er hat das Urvertrauen darein, dass die Welt ist, wie sie ist und dass wir alle an ihrer Schöpfung mitwirken können, an dem Großen Muster, von dem bereits des Öfteren die Rede war.

Natürlich ist das manchmal schwer, vor allem, wenn man von persönlichen Schicksalsschlägen getroffen wird, wenn Situationen ohne Ausweg zu sein scheinen, wenn der sprichwörtliche Silberstreif am Horizont von dunklen Wolken verdeckt wird. Vor allem für uns Europäer ist es schwer, dieses Urvertrauen in das Göttliche in der Welt zu bewahren oder überhaupt zu erlangen, die Einsicht in Sinn und Bedeutung, in den Wert der Lebendigkeit, denn irgendwie haben wir es geschafft, uns durch unsere Wissenschaftshörigkeit von diesen Teilen der Welt abzutrennen. Wir sollten darüber nicht jammern, denn schließlich haben wir und unsere unmittelbaren Vorfahren diesen Zustand erzeugt, er ist nicht als unabwendbares, anonymes Schicksal über uns gekommen. Stattdessen sollten wir in guter schamanischer Weise die Ärmel aufkrempeln und schauen, was wir dagegen tun können.

Das ist im Zusammenhang unseres Themas besonders wichtig, denn ein Mensch ohne Sinn und Bedeutung, ohne Urvertrauen, Wert und Einsicht ist schlicht und ergreifend krank, ist aus dem Gleichgewicht und deshalb offen für Folgekrankheiten jeder Art.

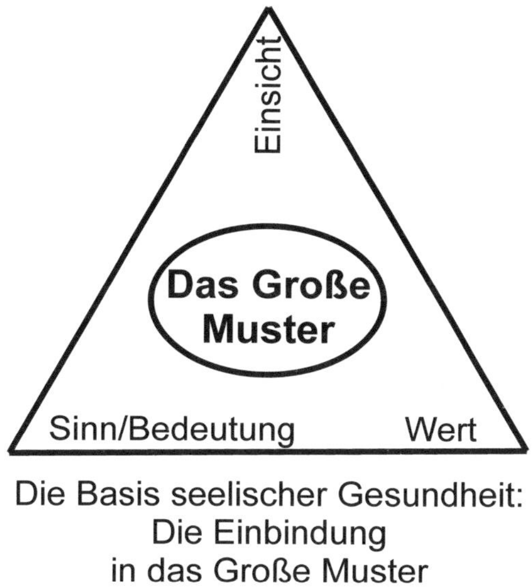

Diagramm 23: Aus den drei Faktoren seelischen Heilseins (Diagramm 22) entsteht die Basis: Die Einbindung des Selbst in das Große Muster.

Früher einmal, sagen uns die Ethnohistoriker, bevor institutionalisierte Religionen aufkamen, waren die Schamanen auch für die Priesterarbeit zuständig, dafür, jedem Menschen den Weg für die persönliche Gotteserfahrung zu ebnen, sie zu lehren, was die Welt zum Ticken bringt und wie die Menschen sich in das Große Muster einordnen. Später, nach dem Entstehen der Religionen als gesellschaftliche Institutionen, gingen diese Aufgaben an die Priester über. Noch viel später wurde ein Teil der Aufgabe, und zwar derjenige, der die Vernunft betrifft, auf die Philosophen übertragen. Heute scheint sich niemand mehr so recht zuständig zu fühlen – oder wir trauen vielleicht niemandem mehr die nötige Kompetenz zu.

Wie dem auch sei, das Heilen der Seele, oder die Herstellung des „seelischen Gleichgewichts" ist eine heilerische Aufgabe, eine therapeutische Präventivmaßnahme von grundlegender Bedeutung. Ich glaube, dass sich in unserer Gesellschaft auch deshalb so viele Menschen zu „magischen Heilern" hingezogen fühlen, weil sie (meist unbewusst) spüren oder vermuten, dass diese Menschen etwas über die Welt wissen, was unserem naturwissenschaftlichen Weltbild verschlossen bleibt. Doch leider wird ihnen an dieser Stelle eher selten weiter geholfen.

Doch gleich, ob wir uns an Künstler, Philosophen, Priester oder Schamanen halten, das grundlegende Gleichgewicht sollte bewahrt bleiben oder wiederhergestellt werden. Einerseits ist das wichtig als Präventiv-Maßnahme, andererseits kann es ja auch geschehen, dass wir durch Schicksalsschläge verschiedenster Art unvermittelt oder wie bei einer schleichenden Vergiftung allmählich und unmerklich unser Urvertrauen verlieren. Dann wäre eine Art seelsorgerische Akut-Betreuung indiziert.

Außerdem haben wir ja bereits gesehen, dass jede Erkrankung, gleich welcher Art und gleich welchen Ursprungs, sich über kurz oder lang auf alle Teile des Selbst ausweitet, so dass eine begleitende Betreuung der Seele angebracht erscheint.

Insgesamt gesehen ist die Heilung der Seele jedoch kein kurzfristiger Prozess. Das Maß unserer Einbettung in das Große Muster, die Präsenz des Urvertrauens kann zwar plötzlich und unvermittelt verloren gehen (durch Schicksalsschläge oder Ähnliches), lässt sich aber nicht so ohne weiteres wieder herstellen. In der Seele ruhen die langfristigen Grundlagen unserer Kapazität für Gesundheit und Krankheit. Deshalb richtet sich die Heilung der Seele auch nur selten auf ein akutes Krankheitsbild, sondern eher auf unseren Grundzustand.

Von der Gesundheit des Geistes

Es gibt Schicksal und es gibt Zufall. Nicht alles, was uns widerfährt, wurde uns von einer wie auch immer gearteten Kraft beigemessen. Der Zufall kann uns treffen, oder Einflüsse von außen, von anderen Wesen, Folgen von Handlungen Anderer oder einfach die Fährnisse der Welt, die gar nicht direkt auf uns gerichtet sind.

Diese Feststellung gehört zu denjenigen, die in meinen Workshops und Unterweisungen immer heftigsten Widerspruch hervorrufen. Gerade spirituell orientierte Menschen neigen zu der Annahme, dass alles, was in der Welt geschieht, einen Sinn hat und dass alles sich direkt auf sie selbst und ihr eigenes Schicksal bezieht. Ich weiß nicht, woher diese Annahmen kommen, aber es lässt sich zeigen, dass sie so nicht stimmen können.

Ich erlaube mir in diesem Zusammenhang gewöhnlich die Bemerkung, dass die Welt eben keine GmbH ist, sondern eher eine oHG:

Eine GmbH ist, wie der Name sagt, eine Gesellschaft mit beschränkter Haftung. Wenn ich in ihr Mitglied werde, dann zahle ich einen bestimmten Betrag ein, und wenn ich nicht so leichtsinnig bin, Geschäftsführer zu werden, dann ist das Schlimmste, das im Falle einer Pleite passieren kann, dass ich meinen Einsatz verliere. Ansonsten komme ich ungeschoren davon und kann noch mal von vorne anfangen.

Eine oHG ist eine offene Handelsgesellschaft. Jeder, der in ihr Mitglied wird, haftet mit seinem gesamten Vermögen für das Verhalten aller. Wenn der Kollege mit der Kasse durchbrennt oder sich einen Rolls Royce kauft, dann muss ich gegebenenfalls bezahlen – mit allem, was ich habe.

So gesehen ist die Welt eine oHG und funktioniert nach dem Motto „Mitgefangen – mitgehangen!". Ich bin den Folgen aller Handlungen aller anderen Wesen ausgesetzt und muss sie mit tragen, gleich ob ich daran beteiligt war oder nicht. Andererseits habe ich aber auch die Freiheit des Handelns!

Wenn es die Möglichkeit der freien Entscheidung gibt, wenn die Freiheit des Menschen, sich so oder so zu entscheiden, wirklich existiert, dann muss es auch den Zufall in der Welt geben. Jede meiner Entscheidungen und Handlungen wirkt sich auf die Welt, auf andere Wesen aus. Und wenn ich die Freiheit habe, mich so oder anders zu entscheiden (wie sollte ich sonst spirituell und auf anderer Ebene wachsen und mich entwickeln, wenn ich diese Freiheit nicht hätte), dann sind andere Wesen den Folgen meiner Entscheidungen und Handlungen ausgesetzt – und diese sind weder vorherbestimmt noch vorhersehbar, wenn ich tatsächlich einen Freiraum des Entscheidens habe und ausgenutzt habe.

In der Welt gibt es neben den Wahrscheinlichkeiten beides, gesetzte Grenzen und Unausweichlichkeiten ebenso wie Freiräume und Zufälle und alle Ereignisse enthalten unterschiedlich große Anteile an beidem. (Siehe hierzu mein Buch „Runen Leben", in dem diese Zusammenhänge etwas ausführlicher dargestellt werden.)

Diagramm 24: Das menschliche Handeln spielt sich im Raum der Grenzen, Freiheiten und Wahrscheinlichkeiten ab.

Warum schreibe ich das an dieser Stelle? Manche Menschen glauben, dass alle Erkrankungen und Ungleichgewichte, die ihnen widerfahren, schicksalhaft bedingt sind. Sie glauben sogar, dass ein Beinbruch als Folge der viel zitierten, achtlos fortgeworfenen Bananenschale die Ursache in uns selbst hat. Sie glauben, dass wir uns diesen Unfall zuziehen und dass die Welt dafür gesorgt hat, dass wir diese Bananenschale genau vor unseren Füßen vorfinden, weil wir gerade jetzt den Beinbruch brauchen, um daraus etwas Konkretes für unser Leben zu lernen. Mit dieser Annahme betreten wir das Gebiet des Geistes als den unmittelbar für Sinn und Bedeutung zuständigen Teil unseres Selbst und geben uns selbst damit ein Verständnis von Krankheit, das sehr merkwürdige Folgen nach sich zieht:

Wer so denkt, fragt sich bei jeder Erkältung, bei jedem kleineren oder größeren Wehwehchen, was die Welt denn nun wieder für Anforderungen an ihn stellt, was daraus zu lernen ist, und warum es gerade jetzt geschehen ist.

Gewiss gibt es die so genannten „Unfaller-Typen", Menschen, die Unfälle, kleinere und größere Missgeschicke jeder Art, geradezu „magisch" anziehen, während andere ziemlich frei davon durchs Leben gehen. Wer so gestrickt ist, schleppt ganz sicher ein geistiges oder seelisches Ungleichgewicht mit sich herum, das einen Lern- und Veränderungsprozess erfordert, das ihm oder ihr zeigt, dass es Handlungsbedarf gibt. Und trotzdem geschieht nicht alles zu dem Zweck, uns zum Lernen zu bringen. Manche Ereignisse passieren einfach, ohne auf uns gerichtet zu sein. Das voneinander zu unterscheiden ist wichtig.

Unter den Schamanen gibt es den Spruch, dass im Prinzip jede Krankheit heilbar ist, vorausgesetzt, dass die vereinten Kräfte des Heilers und des Heilungssuchenden stärker sind als die Krankheit. Das klingt erstmal gut. Dahinter aber stecken zwei Einsichten:

1. Da die Kräfte des Menschen nun einmal begrenzt sind, wird es immer Dinge geben, die das Maß dieser Kräfte übersteigen. Also gibt es auch Krankheiten, die im Prinzip heilbar wären, wenn denn nur die menschlichen Kräfte ausreichend groß wären....

2. Es gibt Krankheiten, die stärker sind als die jeweils gerade vorhandenen Kräfte des Einzelnen. Das heißt, sie erwischen uns unabhängig davon, ob wir gerade in einer Lernphase sind oder nicht....

Nehmen wir das simple Beispiel einer Erkältung. Halten wir zunächst einmal fest, dass es nach der traditionellen Kenntnis der Schamanen bei den nordamerikanischen Indianern keine schamanische Heilung bei „fliegenden Krankheiten" gibt. Mit „fliegende Krankheiten" sind Infektionskrankheiten gemeint, die sich „durch die Luft" ausbreiten, also Erkältungen, grippale Infekte und was es sonst noch so in dieser Art gibt. Es existiert dafür also nach traditioneller Selbsteinschätzung keine schamanische Heilung und keine Prävention.

Selbstverständlich: Wer gesund lebt, sich abhärtet, wer sein Immunsystem und überhaupt seinen Körper nicht durch einen exzessiven Lebenswandel schwächt, also wer all das tut, was jeder Arzt auch raten würde, hat ein wesentlich geringeres Risiko, sich eine Erkältung oder eine Grippe einzuhandeln, als jemand, der solche Ratschläge nicht beherzigt. Das hat aber nichts Magisches an sich und trägt überdies die Schlussfolgerung in sich, dass die Krankheit manchmal einfach stärker ist als wir selbst – und dann fängt die Nase an zu laufen.

Ich möchte es einmal so sagen: Die Kräfte des Geistes und des seelischen Gleichgewichts und ihr Einfluss auf den Körper sind sehr groß. Das haben wir bei der Betrachtung des Placeboeffektes gesehen. Aber sie sind nicht unbegrenzt und deshalb sind wir auch nicht gegen jede Erkrankung gefeit.

Es ist sehr wichtig, sich darüber im Klaren zu sein. Wer bei jeder Erkrankung, jedem Ungleichgewicht sofort nach den geistigen oder seelischen Ursachen fahndet, unterstellt der Welt eine Zielgerichtetheit auf sich selbst, die sie so nicht hat und gerät bei der Therapie möglicherweise auf die falsche Spur. Wer krank wird, sollte sich natürlich immer fragen, ob es gerade jetzt einen Grund dafür gibt. Dabei meine ich damit nicht die Infektion oder die Bananenschale, sondern den inneren, geistigen oder seelischen Grund, der dazu geführt hat, dass wir uns diese Krankheit zugezogen haben. Bei dieser Suche sollten wir nur wissen, dass es einen solchen Grund nicht immer gibt, der Zufall kann uns getroffen haben, oder die Krankheit war einfach stärker, als wir es in diesem Augenblick waren und auch hätten sein können.

Was heißt das nun für die Heilung des Geistes? Eigentlich ist die Sache ganz einfach: Jede Krankheit hat eine Ursache. Die Ursache muss aber nicht notwendig eine geistige sein im Sinne von Entwicklungsnotwendigkeit oder geistigem Ungleichgewicht. Aber auch wenn die Ursache nicht geistiger Natur ist, können „magische" Therapien indiziert sein. Entweder gibt es einen geistigen Anteil, geistige Folgesymptome oder aber die Beeinflussbarkeit des Körpers durch den Geist wird ausgenutzt, um die Heilung in Gang zu setzen, zu beschleunigen oder in die richtige Richtung zu lenken.

Dennoch können wir natürlich immer etwas aus dem lernen, was uns widerfährt. Wir sollten es sogar, denn indem wir lernen, uns verändern, uns entwickeln, geben wir den Ereignissen einen Sinn, eine Bedeutung für unser Leben! Um es ganz klar zu sagen: Wenn ich krank werde, hat das nicht unbedingt die Ursache, dass ich mich verändern oder entwickeln muss. Es kann einfach „nur so geschehen" und mir den Anlass geben, mit dem Schicksal zu hadern. Wenn ich aber diese Gelegenheit nutze, um zu lernen, und sei es auch „nur" mit der Krankheit und dem mir Widerfahrenen umzugehen, dann erzeuge ich Sinn und Bedeutung für mein Leben, nicht als passiv Leidender, sondern als aktiv Schaffender!

Zugleich öffne ich mich damit dem magischen Teil des Heilens, der im Gegensatz zum göttlichen Teil auf meine eigene aktive Kraft, die Kraft meines Geistes zielt, darauf, dass ich ein selbstbestimmtes Wesen bin, dessen Geist auch auf die anderen Teile der Welt Einfluss nehmen kann, auf den Körper und die Seele.

Alle Formen des Heilens für den und mit dem Geist arbeiten mit ähnlichen Mitteln, mit den Kräften der Rituale und den Kräften anderer Wesen. Das schamanische

Heilen verfügt darüber hinaus über die Möglichkeit der Andersweltreise, den direkten und bewussten Eintritt des Geistes in den Geist-Teil der Welt. Doch darüber werden wir im nächsten Kapitel mehr erfahren.

Von der Gesundheit des Körpers

So wie der Geist und die Seele der Heilung bedürfen, so braucht auch der Körper Heilung. Wir können sie ihm geben, indem wir mit Geist oder Seele auf ihn einwirken, aber wir können sie ihm auf schulmedizinischem Weg auch direkt vermitteln. Ich will jetzt nicht noch einmal darauf herumreiten, dass die Beziehungen zwischen den drei Teilen des Selbst keine Einbahnstraßen sind und dass Heilung für einen davon sich auch immer auf die anderen auswirkt.

Stattdessen möchte ich eine (schamanische) Lanze für den Körper brechen: Viele Menschen betrachten den Körper, seine Bedürfnisse und seine Freuden als mehr oder weniger lästiges Anhängsel, das uns in unserer spirituellen Entwicklung eher hindert. Die Welt besteht aus drei Teilen, der Alltagswelt, der Anderswelt und der Götterwelt (siehe mein Buch „Die Anderswelt-Reise"). Wir Menschen bestehen ebenfalls aus drei Teilen, dem Körper, dem Geist und der Seele. Jeder dieser drei Teile ist in dem entsprechenden Teil der Welt zuhause, auch wenn sie alle drei unauflösbar miteinander verbunden sind. Doch unser „Strickmuster" bewirkt, dass wir uns mit unserem Bewusstsein und unserem Leben überwiegend in der Alltagswelt aufhalten.

Andere Wesen sind auf ähnliche Weise überwiegend in der Anderswelt oder der Götterwelt zuhause, obwohl auch sie sich in die anderen Teile der Welt „erstrecken". Unsere menschliche Lebendigkeit, jener Teil unseres Lebens zwischen Geburt und Tod, beruht auf dieser Dreiheit und darauf, sie wirklich auszufüllen und zu leben. Dazu gehören die Lebensfreude, die Lebendigkeit, aber auch der Genuss und das Vergnügen.

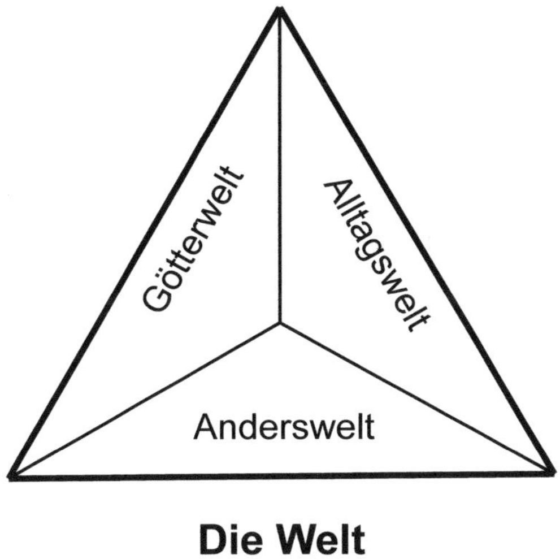

Diagramm 25: Die drei Ebenen der Welt

Wer zu den Menschen gehört, denen die spirituellen Anteile ihres Selbst wichtiger sind als die anderen, sollte im Falle einer Krankheit keine Heilung für den Körper suchen: Die Leiden des Körpers dienen dann nur als Trittleiter auf dem Weg der Erleuchtung. Auf einem solchen Weg wäre man nicht allein: Die christlichen Pfahlsitzer, die Geißler und andere Asketen haben sogar bewusst die Funktionstüchtigkeit ihrer Körper zerstört, um in den Genuss der „geistigen Weihen" zu gelangen. Doch ein gesunder Geist wohnt in einem gesunden Körper und betrachtet ihn – ebenso wie die Seele – als Partner der Lebendigkeit, der ebenso gehegt und gepflegt werden will, wie die anderen Teile auch.

Nach dem Verständnis dieser dreigeteilten Vorstellung von der Welt ist der Körper – für sich allein betrachtet – in der Tat eine Maschine, die bei Fehlfunktionen repariert werden sollte. Der Haken daran: Im Gegensatz zu einem Auto oder einer Waschmaschine ist der menschliche Körper unglaublich komplex und zugleich so ausbalanciert, als würde er auf einer Nadelspitze tanzen. Deshalb gibt es auch den viel zitierten Satz: „Zu Risiken und Nebenwirkungen befragen Sie bitte Ihren Arzt oder Apotheker!". (Die allerdings oft nicht mal den Beipackzettel gelesen haben.)

Auch magische oder göttliche Einwirkungen auf das Selbst sind nicht immer ohne Risiken und Nebenwirkungen, aber sie scheinen eine Art Selbstregulierungsmechanismus zu enthalten, der grobe Entgleisungen meist verhindert. (Darüber später mehr!) Deshalb sollten wir in der Tat das Eine sorgfältig gegen das Andere abwägen. Wenn eine Heilung auch ohne tatsächliche Operation möglich ist, dann sollten wir auf eine Operation selbstverständlich verzichten. Wenn im Falle eines Blinddarm-

Durchbruchs oder eines lebensbedrohlichen Unfalls Hilfe nötig und möglich scheint (wir könnten dem Schicksal ja auch einfach seinen Lauf lassen), dann sollten wir zu den Reparaturmethoden der Medizin Zuflucht nehmen.

Eine Gewissensfrage ganz anderer Art entsteht bei allmählichen Fehlentwicklungen wie Diabetes, Bluthochdruck oder auch altersbedingten Abnutzungserscheinungen. Es ist zwar richtig, dass wir bis zu einem gewissen Grad und unter bestimmten Bedingungen auch magisch oder auf dem Weg des göttlichen Heilens auf Diabetes oder Bluthochdruck Einfluss nehmen können. Doch was ist, wenn die Kraft der Heilung durch den Geist oder die Seele alleine nicht ausreicht? Wollen wir sie dann vielleicht nicht doch durch Tabletten oder andere medizinische Maßnahmen stützen und ergänzen?

Und was ist mit den altersbedingten Abnutzungserscheinungen? Wenn wir nur alt genug werden, wird eines Tages die Hüfte nicht mehr mitspielen. Wollen wir uns schicksalsergeben zuerst an Krücken und dann im Rollstuhl durch die Welt schleppen – oder vielleicht doch den Reparaturbetrieb Medizin in Anspruch nehmen und uns ein Ersatzteil einbauen lassen?

Jeder entscheidet für sich, was gut, nützlich und richtig erscheint und wo die Grenzen liegen. Es gibt einen zynischen Medizinerspruch, der ungefähr besagt: „Sportler leben nicht länger, aber sie sterben gesünder." Auch für Nicht-Sportler gilt: Wer die Segnungen der Medizin in Anspruch nimmt, lebt eindeutig länger. Immerhin hat sich die statistische Lebenserwartung in den letzten 150 Jahren erheblich gesteigert. Das allerdings liegt weniger am Reparaturbetrieb Medizin und mehr an der Notfallhilfe und vor allem an der Entdeckung der Hygiene: Wer regelmäßig die Zähne putzt und auch sonst die heute übliche Körperpflege betreibt, hat sich bereits wesentlichen Segnungen der Medizin ergeben.

Schamanen waren nach ihrem Selbstverständnis und auch nach der Einschätzung der Ethnohistoriker immer auf der Höhe ihrer Zeit. Sie nutzten immer die neuesten Errungenschaften der Zivilisation und sie tun es auch heute noch. Ich kenne keinen Schamanen, der nicht ohne zu zögern die Möglichkeiten der Medizin in Anspruch nehmen würde – allerdings erst nachdem er die anderen Möglichkeiten ausgeschöpft hat oder sie als unzureichend erkennt. So, wie es unter den Schamanen durchaus einen Konsens darüber gibt, dass die Benutzung eines Handys, um mit einem weit entfernten Kollegen zu sprechen, wesentlich einfacher und weniger Kräfte zehrend ist als jede nur denkbare magische Methode, so gibt es auch einen Konsens darüber, dass manche Heilungen besser dem Knochensetzer oder eben dem Arzt überlassen bleiben, weil sie sich dem magischen Zugang weniger oder gar nicht öffnen.

So etwas nennt man Pragmatismus und abschließend für dieses Kapitel möchte ich den eben zitierten Satz über die Sportler ein wenig abwandeln: „Pragmatiker leben länger – und sie sterben gesünder."

Kapitel 6

Das Heilen der Schamanen und der Hexen

Jedes Wesen der Welt ist einerseits von der Welt verschieden und unterscheidet sich damit vom Rest der Welt. Andererseits ist es mit der Welt eins und daher nicht von ihr verschieden. Das Selbst ist zugleich eins und getrennt. Das macht sein Wesen aus.

Um wirklich verstehen zu können, wie „magische" Heilung geschehen kann, müssen wir verstehen lernen, wie die Welt für Schamanen, Hexen, Geistheiler und die anderen „Praktiker des Numinosen" beschaffen ist. („Das Numinose" ist der Sammelbegriff für die Summe alles Transzendenten, Jenseitigen, Spirituellen, des Göttlichen in der Welt, ohne genau zu beschreiben, was im Einzelfall damit gemeint wird.) Naturgemäß sind die Bilder, die sich Menschen unterschiedlicher Kulturen und Zeiten von der Beschaffenheit der Welt machen, sehr verschieden. In vielen Punkten haben die Schamanen aller Völker und Zeiten jedoch Vorstellungen, die hinter den unterschiedlichen Bildern zur Deckung kommen.

Ich will in den folgenden Absätzen versuchen, eine Zusammenfassung davon zu geben, und zwar in Worten, mit denen wir zeitgenössischen Europäer etwas anfangen können. Dabei habe ich die Vorstellungen und Modelle unserer eigenen Tradition besonders berücksichtigt. Die Übertragung und Adaption in unsere „moderne" Sprache, in Bilder, die mit unserem wissenschaftlichen Verständnis von der Welt koexistieren können, stammt von mir und Irrtümer und Fehler muss ich mir selbst zurechnen lassen.

Das Große Muster

Alles, was in der Welt ist, alle Erscheinungen der Welt sind miteinander verbunden. Jedes Ereignis, jede Handlung, jedes Lebewesen, aber auch auf der rein materiellen Ebene jedes Molekül, Atom oder Elementarteilchen, alles ist mit allem Anderen in einem unendlich komplexen, vielschichtigen Netz an Beziehungen und Wechselwirkungen miteinander verbunden. Dieses Muster ist nicht statisch, es bewegt und verändert sich ständig, und alles, was geschieht, trägt zu dieser Veränderung bei. Dieses Muster, die Summe aller Erscheinungen der Welt *ist* die Welt und sein Tanz bildet die Entwicklung, die Schöpfung der Welt.

Wenn wir etwas tun, wenn wir auf uns einwirkende Ereignisse reagieren, wenn wir etwas denken, empfinden, jede unserer bewussten und unbewussten Lebensäußerungen wirkt sich verändernd auf die Welt aus und umgekehrt wirken sich alle Veränderungen in der Welt auch auf uns aus. So sind wir zugleich ausgeliefert und auch aktiv handelnd, von der Welt abgetrenntes Individuum und zugleich eins mit der Welt.

Alle unsere Entscheidungen und Handlungen wirken auf die Welt ein und verändern sie. Dabei ist es wie mit einem Stein, der in einen Teich geworfen wird: Dort, wo der Stein auf die Wasseroberfläche aufschlägt, sind die Wellen am höchsten. Sie breiten sich gleichmäßig in alle Richtungen aus und werden immer kleiner, je mehr sie sich von ihrem Ursprung entfernen. Irgendwann können wir sie nicht mehr erkennen, obwohl sie immer noch fortwirken. Jede Handlung, jede Lebensäußerung „zupft" an den Fäden des Großen Musters. Der Bereich in der Umgebung gerät in

Schwingungen, die entweder allmählich kleiner oder von anderen Schwingungen überdeckt oder sogar ausgelöscht werden. Sie können sich aber auch, wenn Sie sich im Gleichklang des Tanzes bewegen, mit anderen zusammen verstärken und dadurch eine besonders große Reichweite oder Stärke erlangen.

Zu unserer Lebendigkeit gehört, dass wir uns in dieses Große Muster eingebunden fühlen, dass wir nicht nur unser eigenes Leben spüren, sondern auch und vor allem, wie es mit allen anderen Lebewesen zusammen die Welt formt und ihre Schöpfung von Augenblick zu Augenblick fortsetzt. Es gehört auch zu unserem Leben, dass wir diese Verbindung wirklich empfinden, uns nicht nur als zufällig in die Welt geworfen, als Sand im Getriebe der Geschichte wahrnehmen, sondern als eigenverantwortliches Lebewesen sehen, das in die Grenzen und Freiheiten eingebunden ist, die die uns umgebende Welt uns setzt. Insofern als das Selbst von der Welt getrennt ist, bildet es einen Punkt in diesem Großen Muster, der sich von allen anderen Punkten unterscheidet und abgrenzt. Soweit das Selbst aber eins mit der Welt ist, ist es das Große Muster selbst. Beides trifft zugleich zu und ist gleich wichtig für unsere lebendige Existenz.

Wenn wir das sehen, dann wissen wir auch, dass wir jederzeit und immer an der Erschaffung der Welt beteiligt sind, dass wir uns – zusammen mit allen anderen Lebewesen – die Verantwortung für den Zustand der Welt oder zumindest für „unseren" Teil der Welt selbst zurechnen müssen.

Nun besteht die Welt aus drei Teilen, die nahtlos und gleichgewichtig miteinander verschränkt sind, der Alltagswelt, der Anderswelt und der Götterwelt. Jedes Wesen in der Welt lebt überwiegend in einer dieser drei Ebenen, erstreckt sich aber zugleich zu einem kleineren Teil in die beiden anderen. Deshalb gehören auch die Götter (oder der eine Gott – wie man glauben will und kann) und die Anderswelt-wesen in die Welt, auch sie sind mit uns Wesen der Alltagswelt in diesem Großen Muster verbunden. Jedes Wesen verfügt über nur ihm eigene Kräfte und Fähigkeiten, über eine „Reichweite" in der Welt, die von der Macht abhängt, über die es gebietet. – Und die Götter nennen wir auch deshalb Götter, weil ihre Kräfte und Fähigkeiten weiter reichen als unsere und sie deshalb den Plan vorgeben, nach dem das Große Muster tanzt.

Da wir eigenverantwortliche Wesen sind, haben wir die Wahl, uns in diesen Plan einzufügen oder uns außerhalb zu stellen. Leben wir in dem Plan, dann erlangen auch unsere Handlungen und Entscheidungen eine größere Reichweite. Leben wir außerhalb des Plans, dann schwimmen wir ständig gegen den Strom und werden irgendwann entkräftet untergehen.

Wenn wir mit dem Plan leben, wenn wir uns in den Tanz des Großen Musters einreihen, dann haben wir unseren Platz in der Welt eingenommen und können an ihr und ihren Kräften wirklich teilhaben. Stellen wir uns jedoch außerhalb, dann sind wir von der Welt abgeschnitten, sehen nicht mehr Sinn und Bedeutung des Großen Musters und können auch nicht mehr aus der Kraft der Lebendigkeit schöpfen.

Natürlich kann es auch geschehen, dass wir aus der Bahn geworfen werden, durch Schicksalsschläge, aus Unachtsamkeit, durch andere Einwirkungen von außen. Dann verlieren wir möglicherweise sozusagen den Anschluss an den Tanz des Großen Musters, sind plötzlich ziellos, fühlen uns sinnentleert, von der wahren Lebendigkeit und der Welt abgeschnitten – wir sind krank. Ich will damit keinesfalls sagen, dass alle Krankheiten aus dieser Ursache entstehen. Allerdings sind wir aber auch nur dann wirklich gesund und damit am wenigsten anfällig für Krankheiten, wenn die Lebendigkeit selbst, die Einbindung in das Große Muster in uns wirkt, so dass wir in vollem Umfang an der Kraft des Lebens teilhaben können.

Die gegenseitige Abhängigkeit von Körper, Geist und Seele

Der Körper-Anteil des Selbst wird bestimmt durch Ursache und Wirkung, durch Zufall und Ziellosigkeit, durch Unausweichlichkeit und Sinnleere. Dieser Anteil ist wie ein Schiff ohne Steuermann: Es dümpelt einfach vor sich hin, ohne Fracht, ohne Passagiere und niemand weiß so genau, warum es eigentlich da ist.

Der Geist-Anteil des Selbst ist wie der Steuermann: Durch seine Arbeit, durch seine bloße Existent schafft er die Möglichkeit von Sinn und Bedeutung. Das Schiff ist steuerbar und könnte sich auf den Weg machen zu einem Hafen. Doch was ist der Steuermann ohne Navigationsgerät und Landkarte – oder vielmehr ohne Seekarte? Er könnte das Schiff nur wie den „Fliegenden Holländer" durch die See steuern, endlos und ohne irgendwo ankommen zu können.

Der Seele-Anteil des Selbst ist die Seekarte und der Sextant: Mit ihrer Hilfe kann der Steuermann sich orientieren, einen Hafen auswählen und das Schiff zum gewünschten Ziel steuern.

(Ich weise nochmals nachdrücklich darauf hin: Wer aus diesem Bild den Schluss zieht, eines der drei Elemente sei wichtiger als die beiden anderen, erliegt einem gefährlichen Trugschluss: Ohne Schiff kein Steuermann, ohne Steuermann oder Schiff keine Landkarte! Es ist gerade diese unauflösliche Dreiheit, die das Besondere des lebendigen Selbst ausmacht!)

Kausalität und Synchronizität

In das Große Muster sind also alle Kräfte eingewebt, die Kraft des Materiellen (die so genannte Todkraft in schamanischer Begrifflichkeit), die Kraft des Magischen (die Lustkraft) und die Kraft des Göttlichen (die Liebekraft). Wir wollen uns hier zunächst mit der Kraft des Magischen beschäftigen. Am einfachsten gelingt uns der Zugang dazu, wenn wir die Anderswelt als Beispiel nehmen, den „Arbeitsplatz" der

Schamanen. In diesem Teil der Welt herrscht nicht das Prinzip von Ursache und Wirkung, die Kausalität, sondern das Zusammenwirken von Sinn und Bedeutung, die so genannte Synchronizität.

Diese Vorstellung von der Synchronizität können wir nicht so ohne weiteres verstehen, weil wir durch unser „offizielles" Weltbild an lineares, kausales Denken gewöhnt sind, daran zu glauben, dass Ereignisse durch Ursache und Wirkung miteinander verknüpft sind. Das Wort Synchronizität wurde von C. G. Jung geprägt. Damit beschreiben wir, dass Erscheinungen der Welt (seien es Wesen, Ereignisse oder Handlungen) nicht durch Ursache und Wirkung miteinander verbunden sind, sondern durch einen Bedeutungszusammenhang.

C. G. Jung beschreibt in seinen Werken verschiedene Beispiele für Synchronizität. Das bekannteste davon möchte ich hier zitieren:

„Eine junge Patientin hatte in einem entscheidenden Moment ihrer Behandlung einen Traum, in welchem sie einen goldenen Skarabäus zum Geschenk erhielt. Ich saß, während sie mir den Traum erzählte, mit dem Rücken gegen das geschlossene Fenster. Plötzlich hörte ich hinter mir ein Geräusch, wie wenn etwas leise an das Fenster klopfte. Ich drehte mich um und sah, dass ein fliegendes Insekt von außen gegen das Fenster stieß. Ich öffnete das Fenster und fing das Tier im Fluge. Es war die nächste Analogie zu einem goldenen Skarabäus, welche unsere Breiten aufzubringen vermochten, nämlich ein Scarabaeide (Blatthornkäfer), Cetonia aurata, der gemeine Rosenkäfer, der sich offenbar veranlasst gefühlt hatte, entgegen seinen sonstigen Gewohnheiten in ein dunkles Zimmer gerade in diesem Moment einzudringen." (C. G. Jung, Gesammelte Werke, Bd. 8, S. 497.)

Offensichtlich gibt es keinen Kausalzusammenhang zwischen dem Käfer und dem Ereignis in Jungs Behandlungszimmer. Doch entsteht ein Bedeutungszusammenhang zwischen der Traumerzählung und dem Erscheinen des Käfers, in dem die Wichtigkeit der Ereignisse sich gegenseitig bestätigt oder vielleicht sogar erst enthüllt.

Ein anderes Beispiel wird jedem einleuchten, der sich selbst mit der Anderswelt-Reise vertraut gemacht hat (siehe mein Buch „Die Anderswelt-Reise").

In der Anderswelt gibt es Zeit und Raum, doch im Gegensatz zu unserer alltäglichen Wirklichkeit sind Zeit und Raum „flüssig", sie liegen nicht fest, sondern können mal so und mal so sein. Dabei unterliegen sie nicht dem Belieben des Reisenden: Mal ist es sehr mühsam und langwierig, von einem Ort zum anderen zu gelangen, mal geschieht der Übergang ohne verrinnende Zeit und Bewegung. Zeitliche und räumliche Abstände zwischen Orten und Handlungen bestimmen sich eben nicht durch geografische Bedingtheiten und einen festen Fluss der Zeit, sondern durch den Bedeutungszusammenhang, den sie untereinander und mit dem Reisenden haben.

Das ist die gängige Darstellung der Synchronizität. Ich muss gestehen, dass ich sie bisher immer kritiklos als Modell angenommen habe. Bei den Vorarbeiten zu diesem Buch ist mir jedoch aufgefallen, dass hinter der Vorstellung von der Synchronizität möglicherweise ein gravierender Denkfehler steckt, der das Verständnis dieses Konzepts erschwert.

Wenn wir davon ausgehen, dass der Geist auf „magischem" Weg Materie beeinflussen kann, so wie wir das bei der Betrachtung des Placeboeffektes kennen gelernt haben, dann gibt es keinen Grund anzunehmen, die Ursache-Wirkungskette würde beim Übergang vom Bereich des Geistes in den des Körpers zwangsläufig unterbrochen. Wenn wirklich durch das Große Muster Alles mit allem Anderen zusammenhängt und unauflöslich verbunden ist, dann ist die Traumerzählung vom Skarabäus tatsächlich die Ursache für das unerwartete Erscheinen des Käfers.

Der Skeptiker würde jetzt feststellen, dass das Zusammentreffen dieser beiden Ereignisse doch nur Zufall ist, dass die Betrachter die „Bedeutung" lediglich in diesen Zufall hinein geheimnissen. Das Paradox liegt darin begründet, dass beide Behauptungen zur gleichen Zeit richtig sein können.

Bedeutung entsteht – ebenso wie Schönheit – im Auge des Betrachters und nicht in irgendwelchen Ereignissen. Zufall ist das jeglicher Bedeutung entkleidete Zusammentreffen von zwei oder mehr Ereignissen. Synchronizität fügt dem Zusammentreffen seine Bedeutung hinzu.

Die Kraft des Magischen

Die Kräfte des Magischen in der Welt bilden die Grundlage der Heilung. Durch die Erkrankung ist die Einbindung des Erkrankten in das „Große Muster" der Welt gestört. Die Kräfte fließen nicht mehr, der Mensch ist von ihnen mehr oder weniger stark abgeschnitten. Das Ritual der Heilung stellt das Gleichgewicht und das Muster der Kräfte wieder her und ermöglicht es so den Heilungskräften des Erkrankten, die Verbindung zu den Kräften der Welt zu erneuern und sich wieder mit dem Großen Muster zu verbinden. Vielleicht auch deshalb wirkt die magische Heilung so stark. Die Schulmedizin mit ihrem materialistischen Ansatz stellt uns auf die gleiche Stufe wie ein Auto oder ein Fernsehgerät, das in die Werkstatt muss. Die magische Heilung aber zeigt zumindest auf indirekte Weise den Sinn in der Welt, das Große Muster und seinen Tanz und erinnert uns zugleich daran, dass wir, jeder einzelne von uns, einen wichtigen Teil dieses Musters bilden und durch unser Leben daran beteiligt sind, der Welt Sinn und Bedeutung zu geben.

Die Einbindung in das „Große Muster" erzeugt das Urvertrauen in uns, dass die Welt wohl geordnet ist und sie stärkt das Vertrauen darin, dass es uns möglich ist, allen Fährnissen der Welt einen Sinn zu geben. Nur auf dieser Basis ist wahre Heilung im Sinne des „Heil-Seins" möglich.

Schamanen, Hexen und andere Praktiker des Magischen arbeiten also heilend mit der Kraft der Lebendigkeit selbst, mit den Kräften des Großen Musters, die sich ja nicht nur in der Welt, sondern auch in uns selbst befinden. Ihre Aufgabe besteht darin, die Harmonie, in der wir eigentlich mit der Welt, mit dem Großen Muster leben sollten wiederherzustellen und zu stärken.

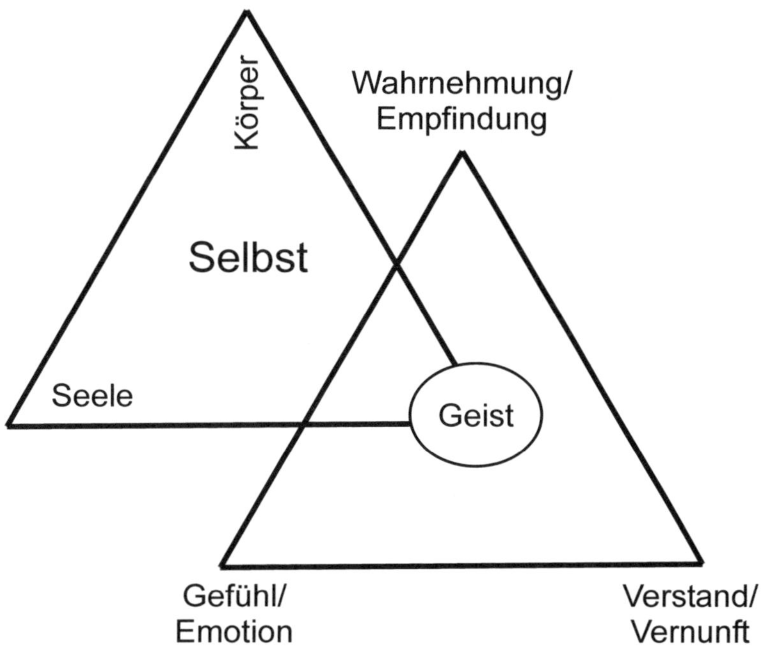

Diagramm 26: Die Kraft des Magischen besteht aus drei Elementen.

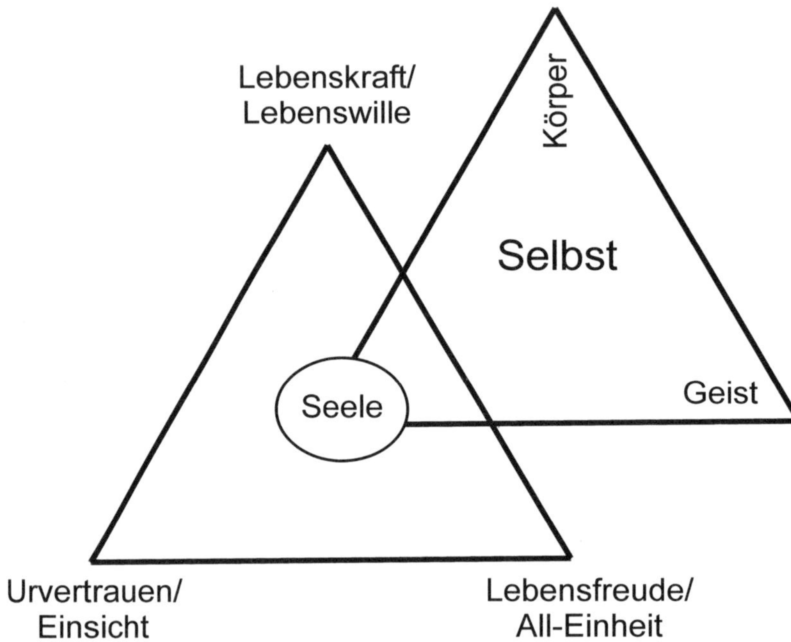

Diagramm 27: Die Kraft des Göttlichen besteht aus drei Elementen.

Dabei ist es wichtig zu wissen, dass Lebenskraft und Lebensfreude ja nicht nur diffuse Empfindungen sind, die irgendwie um uns herumschweben. Im Gegenteil, sie sind der „Motor" der nicht nur unser gesamtes Selbst, sondern auch alle unsere „Teile" über die Organe bis hin zu den einzelnen Zellen in Gang hält. Deshalb kann sich magisches Heilen der Gesamtheit des Selbst, aber auch jedem seiner einzelnen Teile auf materieller, geistiger und seelischer Ebene zuwenden.

Bleibt uns also noch zu fragen, mit welchen Mitteln diese Heilungsarbeit durchgeführt wird. Da ich mich mit der schamanischen Arbeit am besten auskenne, wähle ich hier die Anderswelt-Reise als Beispiel. (Siehe hierzu mein Buch „Die Anderswelt-Reise – Praxisbuch Schamanische Reise)

Die Anderswelt-Reise

Das wichtigste Handwerkszeug der Schamanen ist die Anderswelt-Reise. Sie „betreten" oder „bereisen" die Anderswelt, jenen Teil der Welt, in dem die Synchronizität herrscht, das Gefüge von Sinn und Bedeutung, nicht aber die Kausalität, also das Prinzip von Ursache und Wirkung – ebenso wenig wie Raum und Zeit.

In der Anderswelt existieren viele Wesen, mit denen der Schamane (aber auch andere Menschen) Kontakt aufnehmen können. Diese Wesen, insbesondere solche, die in der indianischen Tradition Krafttiere, Helfertiere und Heilertiere heißen, können um Hilfe und Unterstützung ersucht werden. Diese Wesen sind magischer Natur, das heißt, sie haben den unmittelbaren Zugang zum Magischen und den Umgang mit dem Magischen, deshalb können sie Hilfe, Unterstützung, Kraft und Auskunft auf eine Weise geben, die uns Menschen direkt nicht möglich ist.

Außerdem erstreckt sich der Anderswelt-Anteil aller Wesen, also auch der Menschen, direkt in die Anderswelt und ist dort der unmittelbaren Einwirkung durch Heilkräfte zugänglich.

Nach dem sicheren Wissen der Schamanen und Hexen ist außerdem Alles belebt und beseelt. Nicht nur wir Menschen, sondern auch Tiere, Pflanzen und Steine sind lebendig, haben einen Geist und eine Seele. Und in der Anderswelt ist es natürlich besonders einfach, mit dem Geist oder der Seele Kontakt aufzunehmen. (Es gibt noch andere Möglichkeiten, dies zu tun – siehe zum Beispiel die Bücher von Wolf-Dieter Storl, hier soll jedoch die Arbeit der Schamanen im Vordergrund stehen, und diese arbeiten nun einmal vorrangig mit dem Mittel der Anderswelt-Reise.)

Außerdem gibt es die Ortswesen, wie zum Beispiel Quellnymphen und andere, die auch besonders leicht in der Anderswelt auffindbar sind. Die Heilungsarbeit des Schamanen beruht also auf einer Vielfalt von Elementen:

Einerseits kann er in der Anderswelt direkt mit dem Geist und Teilen der Seele des Erkrankten kommunizieren und ohne den Umweg über den Körper direkt auf sie einwirken. Andererseits wird er mit Hilfe der Anderswelt-Wesen die Verbindung zu den Kräften des Großen Musters herstellen und diese auf den Erkrankten übertragen oder ihn mit diesen Kräften neu verbinden.

Darüber hinaus hat er die Möglichkeit, mit den Geistern und Seelen von Pflanzen, Tieren und Steinen zu sprechen um deren Kräfte, soweit diese gewährt werden, ebenfalls auf den Erkrankten zu übertragen.

In einem großen Heilungsritual wird der Schamane alle diese Kräfte anrufen und ihre Hilfe erbitten:

Zunächst einmal natürlich das Wohlwollen und die Unterstützung der Götter, dann die Kräfte aller anwesenden Menschen, der Verwandten und Bekannten des Erkrankten, die Kräfte des Erkrankten selbst, soweit sie ihm zur Verfügung stehen, die Kräfte der Ahnen aller Anwesenden, soweit sie wohlwollend sind, die Kräfte von Erde, Feuer, Wasser und Luft, die Kräfte der Tiere, der Pflanzen, der Bäume und auch der Steine, die Kräfte der Andersweltwesen, insbesondere der Heiler- und Krafttiere, die Kräfte der Ortswesen und aller anderen wohlwollenden Wesen. Der Schamane wird sich dann in die Anderswelt begeben, um die freiwillig und gern gegebenen Kräfte zu sammeln, zu bündeln und sie dann zu benutzen, um die Krankheit aus dem Erkrankten zu vertreiben, denn nur, wenn die Kräfte der Krankheit aus dem Selbst des Erkrankten vertrieben werden, kann die eigentliche Heilungsarbeit beginnen, die

Verbindung des Selbst mit dem Großen Muster und die Wiederherstellung der Teile des Großen Musters, die im Selbst direkt wirken.

Diese Arbeit ist schwierig und bedeutungsvoll. Sie bewirkt die Wiederherstellung des Gleichgewichts zwischen den Kräften der Welt (des Großen Musters) und den Kräften des Erkrankten und gibt so der Selbstheilung Raum.

Letzten Endes ist jede Heilung eine Selbstheilung. Allerdings benötigt die Selbstheilung oft Kraft und Unterstützung von außen. Häufig ist dem Erkrankten die Wahrnehmung für seine Einbindung in das Große Muster abhanden gekommen, seine Wahrnehmung für die Kräfte in der Welt, sein Gefühl für die Kraft der Lebendigkeit selbst. Dann zum Beispiel kann er nur aus dieser Situation herausfinden, wenn der Anstoß zur Auflösung dieses Zustands von außen erfolgt. Oder aber seine Kräfte sind so aufgebraucht, dass er aus eigenem Antrieb nicht mehr in der Lage ist, aus dem Ist-Zustand herauszufinden. Eine Selbstheilung ist zwar im Prinzip immer möglich, in der Praxis können wir sie jedoch meist nicht aus eigener Kraft in Gang setzen und benötigen dann Hilfe aus der Anderswelt oder durch die Kräfte eines Heilers, der auf andere Art als die meisten von uns das Große Muster und die Kraft der Lebendigkeit selbst „anzapfen" kann.

In Kapitel 1 haben wir die Aufteilung von Körper, Geist und Seele genauer angeschaut und herausgefunden, dass Geist und Seele aus je zwei sich ergänzenden Eigenschaften oder Polen bestanden, die wir kreativer und reaktiver Geist und Selbst-Seele und Gesamtseele genannt haben. Nach diesem Kapitel können wir diesen Eigenschaften nun die magischen Heilkräfte zuordnen, die wir hier am Beispiel der Schamanen kennen gelernt haben:

Die Heiler-Typen

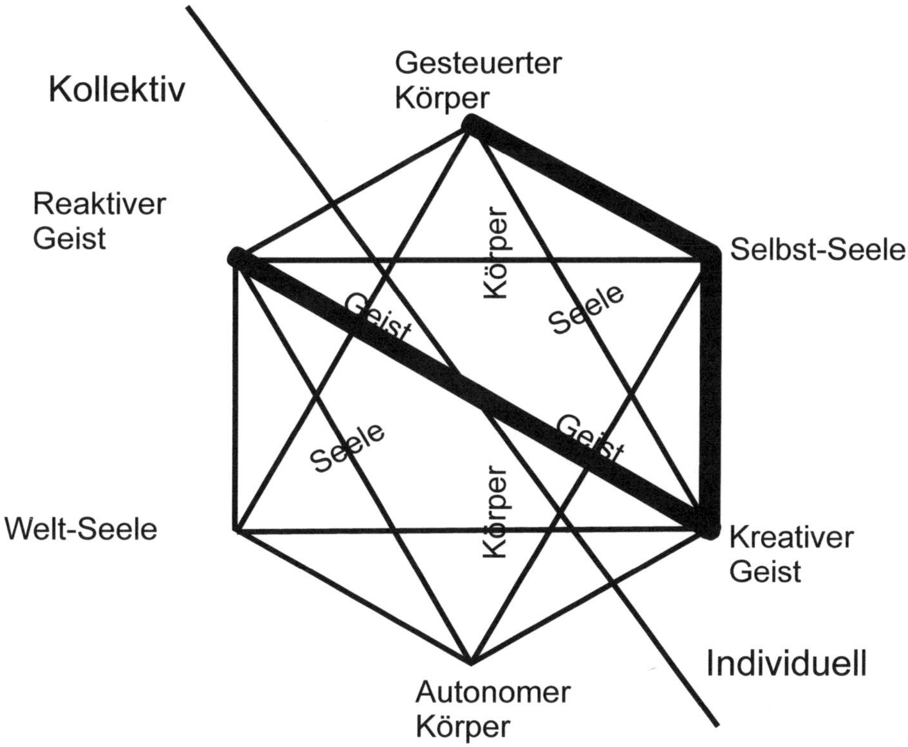

Schamanen/magische Heilkräfte

Diagramm 28: Verschiedene Arten von Heilern: Schamanen, Hexen und Andere

Im nächsten Kapitel werden wir sehen, wie sich das mit den „göttlichen" Heilkräften und der Arbeit der Priester zusammenfügt.

Kapitel 7

Das Heilen der Priester

Wie wir gesehen haben, sind Hexen und Schamanen Handwerker. Sie arbeiten mit den Kräften des Magischen in der Welt, um Dinge zu verändern oder herbeizuführen. Das eigentliche „Ziel" ihrer Arbeit ist der Geist des Menschen und die Selbst-Seele. Über diese erreichen sie auch mittelbar alle autonom gesteuerten Körperfunktionen.

Priester und Priesterinnen wenden sich an die Götter oder an das Göttliche in der Welt. Ihr Ziel ist die Welt-Seele des Menschen, also jener Teil unserer Seele, der das unveränderlich Göttliche in uns repräsentiert.

Geistheilen in jeder Form ist deshalb auch nicht magisches Handwerk, sondern Glaubensarbeit. Es wird nicht etwas getan, sondern man lässt etwas geschehen. Die Aufgabe des Heilers oder des Erkrankten besteht lediglich darin, den Platz frei zu räumen, damit dieses Etwas auch geschehen kann – so, wie die Götter es wollen oder zulassen.

Schamanen und Hexen als „Handwerker des Magischen" arbeiten mit den andersweltlichen Anteilen von Körper, Geist und Selbst-Seele. Priesterinnen und Priester ebnen die Bahnen zwischen der Welt-Seele und dem Göttlichen in der Welt. Um das deutlich zu machen, will ich noch einmal die Unterschiede zwischen den verschiedenen Teilen von Geist und Seele beschreiben:

Welt-Seele und Selbst-Seele

Die Welt-Seele ist derjenige Teil unserer Seele, den wir mit dem Beginn unseres Lebens erhalten und den wir an unserem Lebensende wieder an die Welt zurückgeben. Die Welt-Seele kommt unseren christlichen Vorstellungen von der ewigen, also prä- und postexistenten, unzerstörbaren, unteilbaren Seele am nächsten. Auf ihm beruht das Urvertrauen in die Welt, die Gewissheit des Göttlichen und die Einsicht darin, dass die Dinge letzten Endes wohlgeordnet sind.

Die Selbst-Seele ist derjenige Aspekt oder Anteil der Seele, der uns Lebewesen zu Beginn unseres Lebens als noch nicht realisiertes Potential mitgegeben wird. Ich nenne diesen Teil „Selbst-Seele", weil er unser eigen ist und durch unser Leben wächst und geformt wird. Er leidet mit uns, freut sich mit uns und ist ebenso wandelbar und formbar wie unser Selbst insgesamt. Die Selbst-Seele ist etwas, das wir durch unser Leben erschaffen und in unserem Tod an oder in die Welt geben.

Reaktiver Geist und Kreativer Geist

Wir nehmen die Welt wahr, und zwar nicht nur mit unseren Sinnesorganen, sondern auch mit unserem reaktiven Geist, der alles umfasst, mit dem wir auf die Welt reagieren. Die Struktur unserer Wahrnehmung wird uns von der Welt mitgegeben, und da die Struktur unseres Denkens von unseren Wahrnehmungsmöglichkeiten bestimmt wird, können wir nur „innerhalb" der Welt denken, nicht außerhalb. Man könnte auch sagen: Alles, was denkbar ist, ist auch möglich. Allerdings können wir aus der Menge des Möglichen nur das denken, was in der Welt möglich ist, weil die Struktur der Welt die Muster unseres Denkens bestimmt. Das ist der reaktive Teil unseres Geistes.

Der kreative Teil unseres Geistes kann sich autonom, frei und ungebunden innerhalb der durch den reaktiven Teil gesetzten Grenzen entfalten. Mit dem kreativen Geist formen wir unser Schicksal und unser Erleben, schaffen durch unser Leben die Summe unserer Erinnerungen und verändern so die Welt. Der kreative Geist ist derjenige Teil von uns, der nicht nur Anteil an der fortdauernden Schöpfung der Welt hat, sondern selbst aktiv daran mitwirkt.

Das Heilen der Priester

Die Schamanen und Hexen arbeiten mit Ritualen, mit der Anderswelt-Reise, um die Kräfte in der Welt, in allen Lebewesen zu aktivieren, in bestimmte Bahnen zu lenken und in einen konkreten Teil des Großen Musters zu verflechten, damit Heilung geschehen kann. Sie erzeugen in gewisser Weise ein Bedeutungsgefüge, in dem Heilung entsteht. Das Wesentliche ihrer Arbeit ist also das aktive Handeln, durch das sie den Tanz des Großen Musters verändern.

Wer einmal gehört hat, wie Geistheiler ihre Arbeit beschreiben, weiß, dass es dabei um etwas ganz anderes geht.

Sich an den göttlichen Plan zu wenden, an das Große Muster und den Tanz der Ereignisse und Handlungen heißt, sich dem „Schicksal" hinzugeben. Wenn der Lauf der Welt, der Wille der Götter oder wie auch immer man das nennen will, Heilung für uns bereithält, dann wird sie geschehen, wenn wir bereit dafür sind. – Und sie wird nicht geschehen, wenn es der Lauf der Welt nicht in sich birgt.

Ich denke, dadurch wird der Unterschied zwischen dem aktiven, handelnden, magischen Heilen der Hexen und Schamanen zu dem hinnehmenden, sich öffnenden Heilen der Priester deutlich:

Das Heilen durch das Göttliche in der Welt, durch die Kraft und den Willen der Götter oder Gottes geschieht nicht durch uns, durch unsere Wünsche und Handlungen, sondern durch einen anderen Willen, dem wir uns unterwerfen.

Manche Menschen glauben nun, dass außer dem göttlichen Willen oder Plan nichts anderes zählt und verweigern deshalb jede andere Form der Heilung. Durch Gebet und Versenkung öffnen sie sich dem Göttlichen und machen sich so bereit für alles, was geschehen mag. Dahinter steckt das Urvertrauen, das besagt: Die Welt ist wohl geordnet und alles, was geschieht, hat Sinn und Bedeutung, gleich, was mir selbst dabei zugemessen wird.

Natürlich muss jeder für sich selbst entscheiden, welches Verhalten und auch welche Formen des Urvertrauens ihm angemessen erscheinen. In meinen Augen ist diese Form des Vertrauens und der Hingabe an das Göttliche zwar wichtig und auch für eine mögliche Heilung unter Umständen unabdingbar. Aber: Ich habe bereits deutlich gemacht, dass die Schöpfung der Welt nicht abgeschlossen ist und dass alle Wesen, die in ihr leben, also auch wir, an der ständigen Entwicklung oder Fortsetzung der Schöpfung aktiv beteiligt sind. Daraus sollten wir lernen, dass es nicht nur möglich, sondern eigentlich sogar unsere Aufgabe ist, ganz unmittelbar durch unser Wollen und Handeln, also auch durch aktiv zielgerichtetes Heilen auf den Zustand der Welt einzuwirken.

Versuchen wir einmal, diese Situation ganz pragmatisch zu betrachten: Einerseits hat es keinen Zweck, gegen den Strom zu schwimmen, sich dem Großen Muster zu widersetzen oder zu versuchen, sich dem Willen der Götter zu entziehen. Wie auch immer wir diese Dinge glauben: Die Götter sind mächtiger als wir, und wenn ihr Wille, ihre Vorstellung vom Großen Plan unseren Gedanken entgegen läuft, dann werden wir in jedem Fall den Kürzeren ziehen. Andererseits wirken wir an der Gestaltung des Musters selbst aktiv mit und vor allem gibt es in den meisten Ereignissen und Handlungen der Welt einen Freiraum, den wir durch unser Entscheiden und Handeln selbst füllen können.

Dazu fällt mir ein ziemlich banaler Witz ein, der trotzdem in diesem Zusammenhang recht lehrreich ist. Er handelt von einem Pfarrer, der in einer ziemlich einsamen Gegend unterwegs ist und in ein Moorloch gerät. Er kann sich nicht mehr selbst daraus befreien und versinkt Zentimeter für Zentimeter. Er betet zu seinem Gott und bittet um Rettung aus dieser Gefahr. Nach einiger Zeit kommt ein Wanderer vorbei, sieht ihn in diesem Missgeschick und ruft ihm zu, dass er ihn aus dem Sumpf herausziehen will. Doch der Pfarrer antwortet ihm: „Nein, mein Sohn. Lass mich hier, ich bete zu Gott und Gott wird mich retten!" Der Wanderer zuckt mit den Schultern, überlegt einen Moment und geht dann weiter. Der Pfarrer versinkt immer weiter und steckt inzwischen bis zum Bauchnabel im Sumpf. Da kommen zwei junge Leute vorbei, die eine Leiter durch die Gegend schleppen. Sie sehen den Pfarrer im Sumpf stecken, lassen ihre Leiter fallen und eilen zu ihm, um ihn zu retten. Doch der Pfarrer sagt wieder: „Nein, lasst mich hier, ich bete zu Gott und Gott wird mich retten!" Die beiden jungen Leute sehen sich an, dann wieder den Pfarrer, denken nach, zucken mit den Schultern, heben ihre Leiter auf und gehen weiter. Als der Pfarrer bereits bis zu den Schultern im Morast versunken ist, kommen nochmals Leute vorbei, doch das Spiel wiederholt sich. Schließlich endet die Geschichte so, wie Sie es wahrscheinlich bereits erwarten: Der Pfarrer versinkt und stirbt elendiglich im Sumpf. Schließlich kommt er in den Himmel und als er schließlich seinem Gott gegenüber steht, fragt er ihn: „Oh Herr, ich habe zu Dir gebetet, habe um Rettung gefleht. Ich habe immer ein gottgefälliges Leben geführt und Dein Wort und Deinen Willen verbreitet. Warum hast Du mich so sterben lassen?" Da antwortet Gott ihm: „Du Idiot! Drei Mal habe ich Leute vorbeigeschickt, um Dich zu retten – und jedes Mal hast Du sie fortgeschickt!"

Auch wenn dieser Witz nicht sehr witzig ist, so finde ich ihn doch recht lehrreich. Er zeigt deutlich das Verhältnis zwischen den Unausweichlichkeiten des Lebens und den Freiräumen des Entscheidens und Handelns und darüber hinaus, dass ohne unser eigenes Zutun, ohne unser aktives Handeln oft genug die Chancen, die wir haben oder die uns – je nach Sichtweise – geschenkt werden, nutzlos und wirkungslos verpuffen, wenn wir sie nicht ergreifen und umsetzen.

Beides ist eben für ein sinnvolles Leben und damit auch sinnvolles Heilen nötig! Deepak Chopra hat einmal sinngemäß gesagt: „Du kannst das Glück nicht herbeizwingen, aber Du kannst Dich dahin stellen, wo Du glaubst, dass es vorbei kommt." So brauchen wir die Chance, dass eine Heilung geschehen könnte. Diese Chance können wir nicht herbeizwingen, wenn sie im Großen Muster, im Plan der Welt oder auch im Willen der Götter nicht vorhanden ist. Wir können lediglich, wie man sagt, hoffen und beten, und das Wohlwollen der Götter erbitten. Die Kraft der Lebendigkeit selbst ist in der Welt, in uns, und wenn wir uns ihr öffnen, dann kann Heilung geschehen. Auf der anderen Seite wird uns Gnade oft genug nur geschenkt, wenn wir durch unser eigenes Handeln, durch unseren Willen und unsere Wünsche dazu beitragen, dass sie sich wirklich in der Welt manifestiert.

So brauchen wir beides: Wir müssen uns öffnen, leer machen und damit Raum schaffen für die Kraft der Lebendigkeit. Auf der anderen Seite müssen wir aktiv werden, uns direkt an die Kräfte der Welt wenden, sie für uns nutzbar werden lassen, um die Freiräume des Handelns und damit die in unserem Schicksal enthaltenen Möglichkeiten in Wirklichkeit umzusetzen.

In diesem Zusammenhang ist es interessant zu wissen, dass das Bundesverfassungsgericht vor wenigen Jahren ein Grundsatzurteil zum Thema Geistheilen verkündet hat, in dem das Geistheilen als im weitesten Sinne seelsorgerische Tätigkeit und damit eben nicht als Heilen in medizinischer Weise verstanden wurde. Was auch immer sich die Richter bei diesem Vergleich gedacht haben mögen, im Sinn unserer Definition lagen sie völlig richtig, vorausgesetzt jedenfalls, dass sie Geistheilen und magisches Heilen nicht durcheinander geworfen haben: Heilen durch Handauflegen zum Beispiel ist nicht notwendig immer magisches Heilen: Reiki, die wahrscheinlich bekannteste Heilungsmethode dieser Art, wird in der Wikipedia (Stichwort, Stand März 2007) so beschrieben:

„Als Ziel von Reiki wird eine ganzheitliche körperliche und seelische Heilung angegeben. Bei der Anwendung von Reiki soll durch den Praktizierenden eine „Verbindung" zwischen einer angenommenen „universellen Energie" und dem Empfangenden hergestellt werden. Nicht der Praktizierende gebe Reiki, er stelle sich als Kanal zur Verfügung, so die Anhänger dieser Methode. Reiki soll beim Empfänger ganz von alleine dorthin fließen, wo es benötigt werde. Laut Praktizierenden verhilft es dem Empfangenden zu einer tiefen Entspannung. Es soll die Selbstheilungskräfte des

Körpers stärken und beispielsweise helfen, eine Krankheit schneller zu überwinden. Als Unterschied zu anderen sog. „Energiemethoden" wird hervorgehoben, dass Reiki von Disharmonie automatisch angezogen werde, dass es unabhängig von Glauben oder geistigen Fähigkeiten wirke, dass es keine Diagnose erfordere, dass es nicht manipulativ eingesetzt werden könne und dass es nach den Einweihungen ohne Training ein Leben lang verfügbar sei."

Auch wenn hier von einer „universellen Energie" die Rede ist, so sprechen die meisten Reiki-Praktizierenden von göttlicher Kraft oder Energie und betrachten ihre Arbeit als Sich-Öffnen für das Göttliche in der Welt. Dass diese Kraft des Göttlichen in der Welt ohne Ansehen der Person, ohne Diagnose und eigentlich auch ohne Therapie geschieht, halte ich für logisch: Auch wenn es die Würdenträger institutionalisierter Religionen nicht gerne hören: Das Göttliche in der Welt *ist*, es braucht nichts und niemanden, um sich zu manifestieren.

Die am besten dokumentierten Wunderheilungen, die zugleich den schärfsten Kriterien der Untersuchung standhalten müssen, geschahen und geschehen in Lourdes, dem wohl bekanntesten Wallfahrtsort der Christen. Hier ereignen sich die Wunderheilungen ohne Zutun von Heilern oder Vermittlern anderer Art. Genau genommen brauchte es nicht einmal diesen speziellen Ort, denn per definitionem ist die Göttliche Kraft immer und überall gleich stark und nah, Heilung geschieht – oder auch nicht.

Allerdings scheint die Beobachtung zu zeigen, dass an bestimmten „heiligen Orten" oder in Anwesenheit von Priester-Heilern Wunderheilungen oder auch weniger spektakuläre Heilungen eher geschehen als „nur so". Daraus können wir wohl schließen, dass der Heilung Suchende irgendetwas braucht, an dem er seine Hoffnung festmachen kann, ein konkretes Zeichen, einen Ort, eine Person oder sogar eine Lehre (Religion). Er braucht eine Form, die ihm selbst oder irgendetwas in ihm eine Struktur gibt, damit aus der Formlosigkeit der Hoffnung Heilung entstehen kann. Das können wir nun einfach als versierte Küchentisch-Psychologen weg erklären. Allerdings bleibt die Tatsache bestehen, dass der Glaube (an Gott, die Götter, das Göttliche in der Welt) Berge versetzen kann. Wir wissen allerdings nicht genau, welche Rahmenbedingungen erforderlich sind, damit dies auch geschieht. Dass Rahmenbedingungen erforderlich sind oder zumindest das Geschehen von Heilung begünstigen, zeigen jedoch unsere Beobachtungen.

Wir haben die Hoffnung auf Heilung durch das Göttliche in der Welt. Diese Hoffnung braucht offenbar eine Struktur, eine feste Form, damit diese Kräfte in uns wirken können – und diese Form kann uns durch die Arbeit eines Priester-Heilers oder die Kraft eines „heiligen Ortes" gegeben werden.

Selbstverständlich wird jeder „magische" Heiler, also auch Schamanen und Hexen, vor dem Beginn aller Heilungsarbeit das Wohlwollen der Götter erbitten. Es wäre nicht einmal eine denkbare Vorstellung, ohne diese Voraussetzung an die Arbeit zu gehen. Dann allerdings ist das eigene aktive, zielgerichtete Handeln gefragt, das Erkennen der Freiräume des Entscheidens und die Lenkung des eigenen Schicksals im Rahmen dieser Freiräume. Was ist dann aber genau die Aufgabe und heilerische Tätigkeit der Priesterinnen und Priester?

Ihre Arbeit versetzt den Erkrankten in denjenigen Zustand, oder hilft ihm, sich selbst in diesen Zustand zu versetzen, der erforderlich ist, damit das Handeln nicht Anrennen gegen massive Mauern, sondern Suche nach offenen Türen werden kann: Nur wenn wir fühlen, empfinden, sogar sicher wissen, dass wir mit unserem Schicksal in den Lauf der Welt eingebunden sind, wenn wir uns tatsächlich als Mitglied der Gemeinschaft aller Lebewesen des Universums wahrnehmen können, nur dann ist Heil-Sein und Heil-Werden möglich.

Deshalb genügt es auch bei dieser Form des Heilens nicht, sie passiv über uns ergehen zu lassen: Priester können uns helfen, unsere Einbindung in die Welt und damit auch in das Große Muster zu fühlen, aber uns mit ihm verbinden und seine Kräfte in uns möglich werden zu lassen – das können wir nur selbst. So ist auch das Heilen mit Hilfe der göttlichen Kräfte immer nur Hilfe zur Selbsthilfe: Wir können diese Kräfte annehmen oder sie verweigern.

Es gibt sie, die Wunderheilungen, die Spontanheilungen jenseits jeder medizinischen Gewissheit. Wunder sind sie deshalb, weil sie dem Lauf der Welt und den kausalen Zusammenhängen des Lebens zu widersprechen scheinen. Wir können sie nicht herbeizwingen und es gibt keine Möglichkeit, sie wahrscheinlich zu machen, denn dann wären es keine Wunderheilungen mehr. Allerdings können wir eines tun: Vertrauen, sogar Gewissheit darüber erlangen, die unerschütterliche Sicherheit, dass der Plan der Welt, das Große Muster oder der Wille der Götter Möglichkeiten enthält, die wir uns nicht einmal erträumen können. Beten und Versenkung, sich dem göttlichen Willen öffnen, das sind die Mittel, die wir nutzen können, um uns der Möglichkeit des Wunders zu öffnen. Wenn wir allerdings nicht zugleich alle Möglichkeiten unseres eigenen Handelns, und damit auch der medizinischen und magischen Heilung ausschöpfen, werden wir in vielen Fällen zuwenig getan haben.

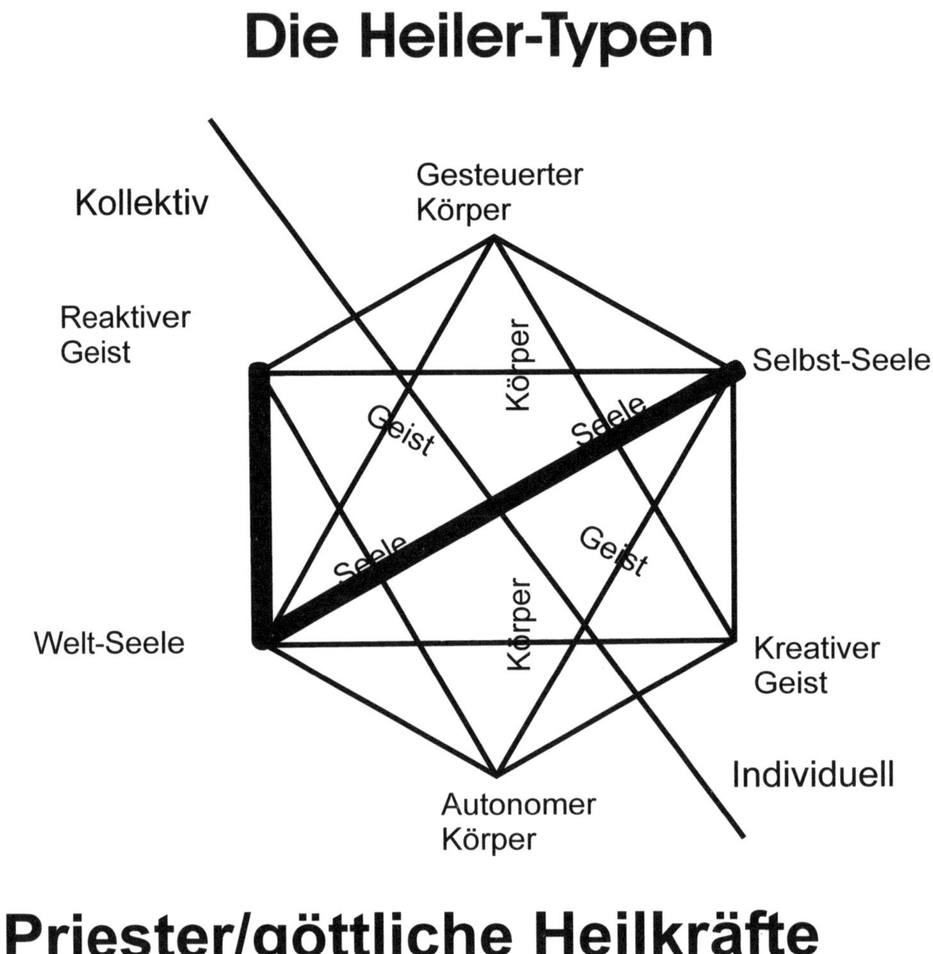

Diagramm 29: Verschiedene Arten von Heilern: Priester und Andere

So wie im vorausgegangenen Kapitel die magischen Heilkräfte der Schamanen, Hexen und anderen Praktikern des Magischen, so können wir nunmehr auch die göttlichen Heilkräfte der Priester verstehen. Durch Gebet, Versenkung, mystische Entrückung, aber auch durch die Lehre in Glaubensdingen wirken sie auf die Seele ein, entwirren die Verbindungen der übrigen Teile des Selbst zu seiner Welt-Seele und räumen den Weg frei für die Kommunikation der Selbst-Seele mit dem Göttlichen in der Welt.

Während die Arbeit der Praktiker des Magischen eine Akut-Behandlung darstellt, ist die Arbeit der Priester langwieriger, präventiv oder begleitend.

Die Heiler-Typen

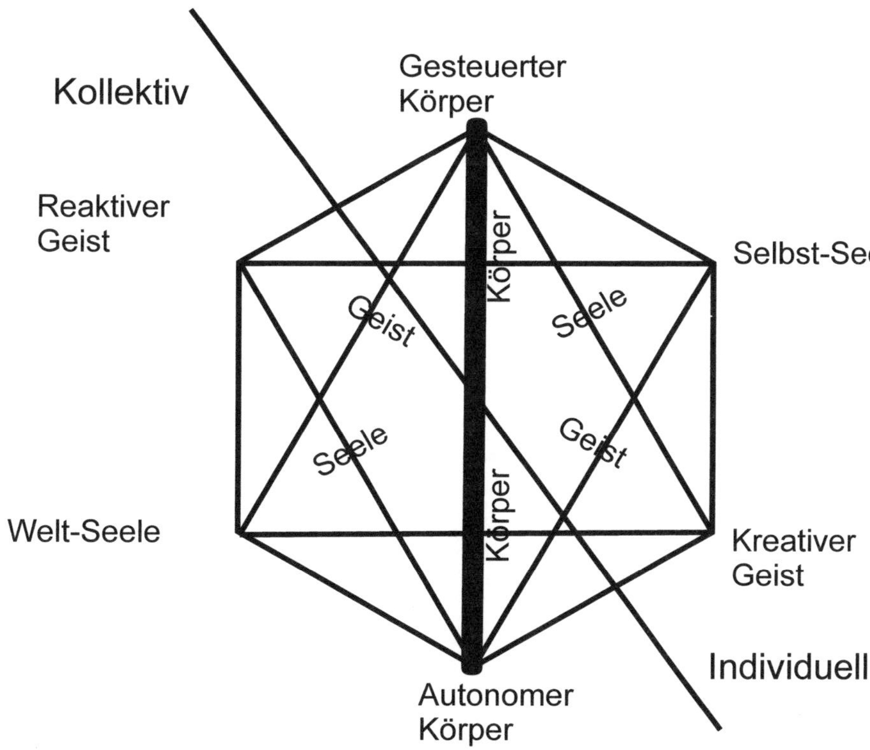

Ärzte/materielle Heilkräfte

Diagramm 29 b: Obwohl es thematisch nicht an diese Stelle gehört, hier zum Vergleich das Kräfteschema der materiellen Heiler (Ärzte)

Kapitel 8

Wie funktioniert magisches und göttliches Heilen?

In Medizinerkreisen kursiert eine Geschichte, die immer wieder mit großem Vergnügen erzählt wird: Ein amerikanischer Geschäftsmann auf Reisen bekam Zahnschmerzen und ging zum Zahnarzt. Nach eingehender Untersuchung sagte der Zahnarzt ihm, dass ein größerer Eingriff erforderlich sei, der auch gleich vorgenommen werden könne. Doch der Geschäftsmann antwortete: „Das kommt überhaupt nicht in Frage! Solche Sachen lasse ich nur machen, wenn mein Heiler informiert ist und mir helfend zur Seite steht!" Nach einigem Hin und Her einigten sich die beiden darauf, dass der Geschäftsmann seinen Heiler, der auf der anderen Seite der Staaten lebte, sofort anrufen sollte, um sich seiner Hilfe zu vergewissern und der Behandlungstermin wurde auf den späten Nachmittag verlegt, schon allein weil der Heiler zusicherte, dass die Behandlung dann sogar ohne Betäubungsspritze durchgeführt werden könne.

Alles verlief – tatsächlich auch ohne Betäubung – problemlos, doch der Zahnarzt wurde neugierig und ließ sich von seinem Patienten die Telefonnummer des Heilers geben. Er rief den Mann an und fragte, was er denn nun genau zu diesem Zeitpunkt gemacht habe. Der Heiler zögerte kurz und antwortete dann: „Verdammt, den Termin habe ich völlig verschwitzt!"

Es lässt sich leicht vorstellen, dass diese Geschichte mit einer gewissen Schadenfreude und den entsprechenden Kommentaren weitergegeben wird. Mir scheint allerdings, dass die Schadenfreude absolut nicht angemessen ist, weil sie eigentlich einige wesentliche Elemente des magischen Heilens aufzeigt, denn die spannende Frage ist doch: Warum hat es trotzdem funktioniert?

Zunächst einmal wissen wir, dass magische Heilung immer dann „nur" Hilfe zur Selbstheilung sein kann, wenn der Ort des Leidens der Körper ist. Denn magisches Heilen zielt auf den Geist, der den im Körper ablaufenden Prozessen nur Anstöße geben kann.

Zweitens wissen wir, dass die Kräfte des magischen Heilens eine äußere Form benötigen, um wirksam werden zu können.

Und drittens braucht es den Glauben der Beteiligten, besser noch das unumstößliche Wissen, dass der Prozess des Heilens mit diesen Kräften und unter Wahrung der äußeren Form tatsächlich wirksam ist.

Schauen wir uns diese Geschichte einmal unter diesen Gesichtspunkten an! Dass der Glaube und auch entsprechende Erfahrungswerte auf der Seite des Geschäftsmanns existieren, steht wohl außer Frage, denn sonst hätte er nicht so vehement darauf bestanden, seinen Heiler hinzuziehen. Dass es hier um Hilfe zur Selbsthilfe geht, dürfte wohl auch klar sein, denn die Prozesse der „Selbst-Betäubung" und Schmerzunterdrückung finden im Körper statt und können vom Geist nur „angestoßen" werden.

Die äußere Form hätte in diesem Fall daraus bestanden, dass der „Fern-Heiler" zum Zeitpunkt der Behandlung irgendetwas getan hätte, von dem wir (ebenso wenig wie der Geschäftsmann) wissen können, was es denn genau ist. Es liegt natürlich in der Natur der Fernheilung, dass der „Empfänger" nicht wissen kann, ob, und wenn ja in welcher Form, sie denn ausgeführt wird.

In diesem Fall geschah das offensichtlich nicht – und trotzdem kam diese besondere Form der Selbstheilung in Gang. Daraus zu schließen, dass Fernheilung jeder Art nur auf Selbsttäuschung beruht, auf einer Art selbst induziertem Placeboeffekt, ist wahrhaftig voreilig. Wenn wir den Erfolg der betäubungslosen Behandlung als Anzeichen dafür nehmen, dass tatsächlich etwas geschehen ist, dann können wir aus der Geschichte lediglich schließen, dass die „magischen" Kräfte des Patienten in diesem Fall sogar alleine ausgereicht haben, um die gewünschte Wirkung zu erzielen. Es dürfte auch klar sein, dass der Erfolg sich nicht eingestellt hätte, wenn dem Geschäftsmann auf irgendeinem Weg die Information zugekommen wäre, dass sein Heiler nicht in Aktion getreten ist, weil er den Termin verschwitzt hat. Das hat hauptsächlich damit zu tun, dass man sich selbst immer für fehlbarer und schwächer hält, als den Experten, der die für den Erfolg unbedingt nötige Zuversicht und Kompetenz ausstrahlt.

Also lernen wir aus dieser Geschichte, dass die eigenen Kräfte eines Menschen durchaus wesentlich größer sein können, als er selbst glauben mag, und dass eine wenn auch nur vermeintliche Anlehnung an eine andere Autorität diese Kräfte freisetzen kann, die mit ziemlicher Sicherheit blockiert wären, wenn er das Gefühl hätte, auf sich allein gestellt zu sein.

Bevor wir an dieser Stelle fortfahren, möchte ich noch einmal in Erinnerung rufen, dass jede Form des Heilens, die medizinische, die magische und auch die göttliche, eine äußere Form hat und dass diese Form die magische Heilkraft entweder ganz oder teilweise transportiert.

Jeder, der einmal „Gegenstand" einer Chefarzt-Visite im Krankenhaus war, sollte eigentlich bemerkt haben, dass so etwas für den Heilungsbetrieb des Krankenhauses und für den Erfolg der Behandlung aus rein medizinischer Sicht völlig überflüssig ist. Aber es ist eine magische Handlung in reinster Form, die durchaus entscheidend an der Heilung beteiligt sein kann. Das beginnt beim Ansehen des Chefarztes, das durch die ihn umgebenden „Assistenten", den ihm entgegengebrachten Respekt, dem Gewese um die Visite als solches und dem übrigen Drum und Dran bis zum höchstmöglichen Maß gesteigert wird. Das Verhältnis des zunehmend selbstbewussten und kritischen Patienten zu dieser „Show" hat sich im Laufe der Zeit zwar geändert, aber es ist noch gar nicht so lange her, als Geschichten der folgenden Art noch witzig waren: Ein Assistenzarzt läuft zu einem Notfall, biegt um die Ecke des Krankenhausgangs und rempelt jemanden an. Er blickt auf, sieht, dass er den Chefarzt erwischt hat und stammelt: „Oh mein Gott, ich..." Der Chefarzt unterbricht ihn und sagt: „Aber nicht doch! Herr Professor genügt völlig!"

So begrüßenswert die Entstehung des kritischen Patienten ist, wenn der Respekt und die Hochachtung vor den Fähigkeiten des Heilers bröckeln, mindern sich die

Erfolgsaussichten ebenfalls. Dabei geht es zuerst einmal nicht um die tatsächlichen Fähigkeiten, die erst an einer anderen Stelle ins Spiel kommen, sondern um den Glauben an die Gewissheit der Heilung im Patienten, die das Maß der Selbstheilungskräfte mit bestimmt. Also halten wir fest:

> Die Heilung benötigt den Glauben an die Möglichkeit oder sogar die Gewissheit der Heilung, die sich in der äußeren Form der Achtung und des Respekts gegenüber dem Heiler und seinen Fähigkeiten äußert.

Ist das banal und eigentlich nicht mal erwähnenswert? Nein! Der Glaube an die Heilung ist sehr vielschichtig und eigentlich wäre jedes Mittel recht, ihn zu stärken. Allerdings stoßen wir dabei auf ein Problem, das nicht leicht zu lösen ist.

Das Scharlatan-Problem

Einer der Schlüssel zum Heilungserfolg liegt in der Zuversicht des Patienten, in dem Vertrauen, das er dem Heiler, der Diagnose und der Therapie entgegenbringt. Theoretisch wäre es also optimal, wenn man einen Heiler finden könnte, der vertrauenswürdig und überzeugend sagen würde: „Ich werde Dich wieder gesund machen!"

Aus gutem Grund sind jedoch Heilungsversprechungen zumindest im Bereich der deutschen Gesetzgebung verboten. Bestenfalls ist es möglich, Statistiken über zu erwartende Heilungsaussichten oder verbleibende Lebenszeit zu zitieren.

Einerseits ist es also nicht nur angemessen und wichtig (aus der Sicht des Heilers gesehen), im Patienten das Vertrauen in den Erfolg der Therapie mit allen nur denkbaren Mitteln zu erzeugen und zu stärken, andererseits sind Heilungsversprechen nicht erlaubt – und mit gutem Gewissen auch nicht zu geben, denn es gibt keinen Heiler (auch nicht auf „spirituellem" Gebiet), der von sich sagen könnte, er wäre unfehlbar und allwissend.

Das daraus entstehende Dilemma nenne ich das Scharlatan-Problem.

Für den Heiler kann die Lösung nur heißen: Kompetenz, Wissen und Erfahrung anhäufen. Wer heilt, hat Recht – und Erfolge sprechen sich herum. Außerdem – und vor allem – Menschen haben ein sehr feines Gespür für die einem anderen Menschen innewohnenden Kräfte und Fähigkeiten, auch ohne dass darüber gesprochen werden muss. Für den Patienten heißt das: Misstraue Versprechungen, verlasse Dich auf Dein Gefühl.

Urvertrauen und Heilungserwartung

Wir haben es hier mit einem Problem zu tun, dass aus zwei Teilen besteht. Wir können einfach sehr grob eine Einteilung vornehmen, die da heißt:

Das Urvertrauen:
Keine Hoffnung auf Heilung, Pessimismus, Defätismus
Indifferenz
Hoffnung auf Heilung
Glaube an Heilung
Gewissheit der Heilung

An welcher Stelle dieser Skala wir uns einordnen, hängt von einem langfristigen Faktor ab, der schlicht „Urvertrauen" heißt, und einem kurzfristigen, der sich aus unserem Wissen um die Art der Erkrankung, um die möglichen Therapien, dem Glauben an die eigene Kraft und dem Glauben an die Fähigkeiten des Therapeuten zusammensetzt. Nennen wir diesen Faktor einfach situatives Vertrauen oder Heilungserwartung.

Heilungserwartung:
Art und Schwere der Erkrankung
Behandlungsmöglichkeiten
Glaube an die eigene Kraft (zur Selbstheilung)
Glaube an die Fähigkeit des Therapeuten

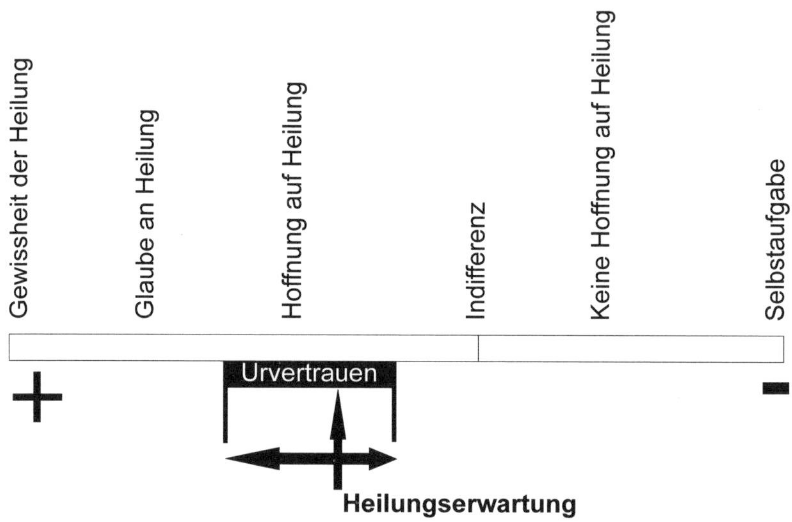

Diagramm 30: Die Schwankungsbreite des Urvertrauens und der Zusammenhang mit der Heilungserwartung

Das Urvertrauen als Basis bestimmt die mögliche Bandbreite der Heilungserwartung, deren tatsächliche Stärke im akuten Fall wiederum von der augenblicklichen Situation abhängt, also der konkreten Heilungserwartung.

Das Maß des Urvertrauens in uns wird von unserer Grundhaltung dem Leben gegenüber bestimmt, die wiederum von zwei Faktoren abhängt, unserem „ererbtem Strickmuster" und unserer Biografie. Deshalb können wir mit dem Urvertrauen auch nicht spontan und ad hoc heilend umgehen. Hier geht es um eine Art „seelischer Hygiene" (wenn denn der saloppe Ausdruck gestattet ist), die das Resultat unseres gesamten Lebens ist und sich deshalb auch nicht von hier auf jetzt ändern lässt, während wir die Faktoren der Heilungserwartung durchaus im Zugriff haben.

Daraus erklärt sich auch ein Problem vieler Therapien, die auf die Stärkung der Heilungserwartung zielen. Im vierten Kapitel habe ich bereits darüber berichtet:

Spontanheilungen heißen deshalb spontan, weil sie völlig unerwartet, aus heiterem Himmel und ohne erkennbaren Anlass auftreten. Es wurde und wird deshalb von alternativer Seite viel darüber spekuliert, wie sich dieser Effekt therapeutisch ausnutzen lässt, wie man sozusagen Wunder normalisieren kann. Es wurden Übungsprogramme entwickelt, die das Vertrauen in die Gesundung durch Suggestionen, Autosuggestionen und Visualisierungen steigern und so zur Heilung beitragen sollten. Es gab den Versuch, Erkrankte durch die Beschäftigung mit den schönen und angenehmen Dingen des Lebens in eine positive Grundhaltung zu bringen, ihren Lebenswillen durch Hypnose zu stärken und so weiter. Doch nichts davon half wirklich zuverlässig. Spontanheilungen blieben spontan. – Und hier haben wir jetzt die Erklärung dafür:

Alle diese Methoden zielen auf die Stärkung der Heilungserwartung, können aber nicht das Urvertrauen verändern. Deshalb ist der Erfolg so ungewiss: Patienten, deren Urvertrauen stark genug ist, können mit einer Steigerung der Heilungserwartung zum Erfolg kommen. Ohne ausreichendes Urvertrauen werden diese Methoden jedoch nicht greifen können.

Übrigens sei noch darauf hingewiesen, dass die Ausdehnung des Urvertrauens in unserem Diagramm eigentlich variabel ist und sehr stark von der Schwere der Erkrankung abhängt: Auch ein sehr geringes Urvertrauen wird ausreichen, um einen blauen Fleck zu überleben, aber es könnte bei einer schweren Krankheit wie zum Beispiel Krebs den Ausschlag zum Schlechteren geben.

Umgekehrt wird ein sehr starkes Urvertrauen dafür sorgen, dass bei leichteren Erkrankungen die Selbstheilungskräfte stark genug sein können, um eine Heilung ohne Hilfe von außen zu bewirken, während bei schwach ausgeprägtem Urvertrauen bereits therapeutische Hilfe nötig sein könnte.

Also haben wir doch ein im Grunde genommen sehr einfaches Rezept, um unsere Lebensqualität allgemein zu steigern, unsere Krankheitsanfälligkeit zu minimieren und die Heilungsaussichten im Fall einer Erkrankung zu steigern: Vermehren wir doch einfach das Maß des Urvertrauens in uns!

> Der Glaube versetzt bekanntlich Berge. Der Wille, zumindest der aktive, bewusste Wille bewirkt in dieser Hinsicht nichts.

Viele Fallbeispiele zu den Themen Suggestion und Autosuggestion beweisen dies. Wie aber aktivieren wir Glauben, Urvertrauen, Zuversicht, Einheit mit dem Großen Muster?

Diese Fragen können Naturwissenschaftler gewiss nicht beantworten. Leider aber auch Schamanen, Hexen, Priester und Andere nicht! Jeder, der erfolgreich mit den Mitteln der Magie oder des Glaubens heilt, hat Glauben, Urvertrauen und Zuversicht, strahlt sie aus (und wirkt genau deshalb kompetent) – aber ich bin noch keinem Menschen begegnet, der diese Frage hätte beantworten können – auch wenn er die Antwort lebt und die Kraft des Heilens aus ihr schöpft.

Deshalb, so viel dürfte inzwischen klar sein, ist die Stärkung des Urvertrauens gar nicht so einfach. Dazu gehört eine Änderung und Umwertung unserer Biografie. Dazu gehört ebenfalls und vor allem eine Änderung der Werte und Maßstäbe, die wir an unsere Weltwahrnehmung anlegen. Sinn und Bedeutung der Welt, die Wahrnehmung und Annahme des Göttlichen in der Welt, die Annahme unseres Schicksals und ebenso der Freiräume unseres Handelns, die Einsicht in die Wichtigkeit unseres Seins, das Verständnis für unseren angestammten oder passenden Ort in der Welt, und mit allen diesen Dingen die Ruhe, Gelassenheit und Achtsamkeit unseres Lebens – das sind die Punkte, an denen wir ansetzen können und müssen, um unser Urvertrauen zu stärken – und nichts davon ist leicht und auf die Schnelle erledigt.

Die Voraussetzung des Heil-Werdens

Deshalb können wir sagen, um noch einmal die verschiedenen Kräfte des Heilens aufzugreifen, dass materielles Heilen (Mediziner) und magisches Heilen (Schamanen und Andere) die Bandbreite unserer Heilungserwartung jederzeit bestimmen und verschieben können, während göttliches Heilen (Priester) auf das Urvertrauen zielt und damit, wenn auch nur langfristig, das Band der Heilungserwartung selbst verschiebt.

Damit können wir das Diagramm 30 jetzt erweitern und in seine endgültige Form bringen:

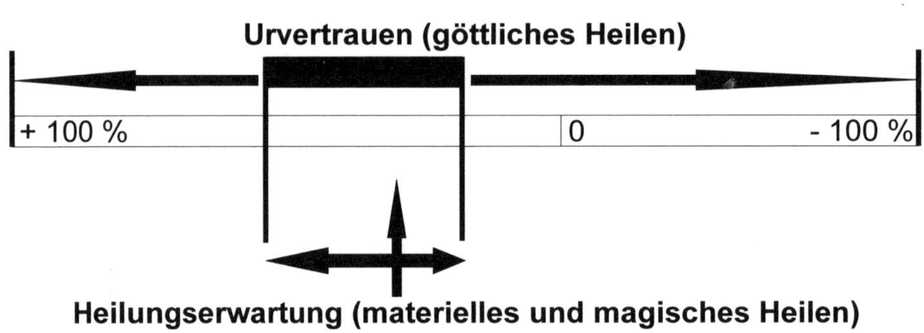

Diagramm 31: Der Zusammenhang zwischen Urvertrauen und Heilungserwartung

Natürlich gibt es auch hier eine Art Rückkopplung: Wiederholte Heilungserfolge mit den materiellen und magischen Kräften wirken auf unsere Biografie und auf unsere Erwartungen an die Welt und die in ihr waltenden Kräfte ein und verändern so auch das Maß unseres Urvertrauens. Allerdings ist das ein Sekundäreffekt und nicht das, was göttliches Heilen eigentlich sein kann.

Fassen wir zusammen:

> Die Basis jeder Heilung ist das in unserem Strickmuster vorhandene Maß an Urvertrauen sowie unsere darauf aufbauende Heilungserwartung.
>
> Das göttliche Heilen der Priester kann – naturgemäß auch in der Form der Selbstheilung – dieses Urvertrauen in uns präventiv stärken. Das ist der Umgang mit unserem Selbst und seiner Biografie, seinen Werten und der daraus entstehenden Gelassenheit.
>
> Magisches Heilen kann in jedem Einzelfall zunächst einmal den Zugang zu diesem Urvertrauen überhaupt erst freilegen, öffnen oder zumindest stärken. Dieser Anteil magischen Heilens gehört auch und in jedem Fall zum materiellen, medizinischen Heilen – und sei es nur in Form des Placeboeffekts.

Magisches Heilen in der äußeren Form

An dieser Stelle sollten wir uns noch einmal an das Modell von John C. Eccles zurückerinnern, in dem beschrieben wird, dass es im Gehirn (also dem Körper des Menschen) eine Schnittstelle gibt, durch die der Geist (der dann natürlich ebenso über eine Schnittstelle verfügen muss) mit dem Körper kommunizieren und ihn so steuern kann. Wir können uns das vielleicht so vorstellen, dass der Geist seinen Inhalt (wie auch immer der beschaffen sein mag) zu einem winzigen Schneeball zusammenpresst und reduziert, der dann über die Schnittstelle rollt und sich auf der anderen Seite zu einer Lawine entwickelt.

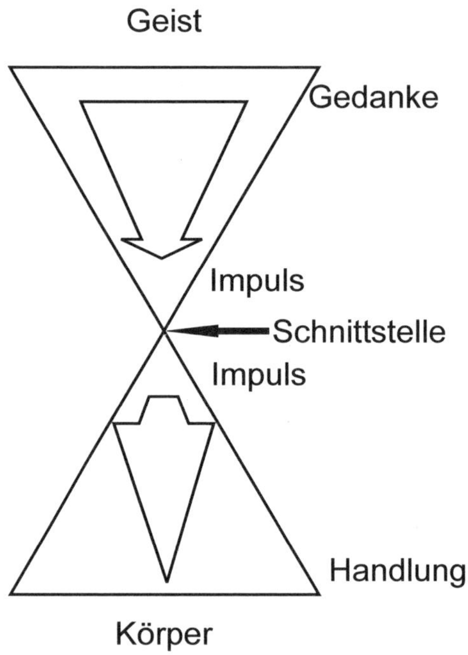

Diagramm 32: Die Schnittstelle zwischen Geist und Körper und die symbiotische Autonomie

Das funktioniert natürlich nur, weil der Körper über einen gewaltigen Vorrat an zum Teil außerordentlich komplexen Verhaltensmustern verfügt, die nur einen kleinen Anstoß brauchen, um zu starten und dann völlig autonom abzulaufen. (Wobei durchaus Kontrolle und Korrektur möglich sind.)

Wenn magische Kraft durch die äußere Form transportiert wird, dann durchläuft sie einen langen und indirekten Weg, bis sie an der Stelle ankommt, an der sie ihre Wirkung entfalten soll. Sie beginnt im Geist des Heilers, findet den Weg über die Schnittstelle in seinen Körper, der ihr die äußere Form gibt, wird durch den Körper (die Sinnesorgane) des Patienten aufgenommen, wandert von dort über die Schnittstelle in den Geist des Patienten und von dort als Handlungs- oder Veränderungsimpuls wieder über die Schnittstelle in den Körper des Patienten.

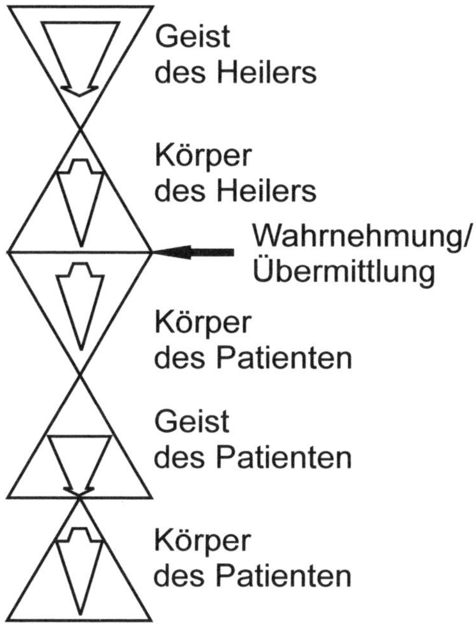

Diagramm 33: Der Weg der magischen Kraft vom Geist des Heilers bis in den Körper des Patienten

Es lässt sich leicht vorstellen, dass dieser Weg einen großen „Reibungsverlust" mit sich bringt, so dass die letztendlich wirkenden Kräfte ziemlich gering sind. Außerdem müsste man mit einem Informationsverlust so wie bei einem „Stille Post" Spiel rechnen, wenn nicht die äußere Form oder die Struktur der magischen Handlung den Zielpunkt vorgeben würde.

Trotzdem funktioniert diese Art der magischen Transformation durchaus und deshalb lohnt es sich auch, einen Blick auf die äußere Form zu werfen, durch die die magische Kraft gebündelt und gelenkt wird.

Die Magie der äußeren Form

Letzten Endes besteht die äußere Form in dem, was die Psychologen Setting nennen: Das Bärenfell und die Adlerfeder des Schamanen gehören ebenso dazu wie der weiße Kittel des Arztes. Gerätschaften, seien sie elektronischer Natur wie EEG's, Bioresonanzgeräte, oder auch Rasseln und Trommeln, der Ort des Heilungsgeschehens und sein Ablauf, die Kommunikation zwischen Heiler und Patient – all das entscheidet darüber, was geschehen wird und geschehen kann.

Um dies zu verdeutlichen, möchte ich noch einmal zum Beispiel der Hypnose zurückkehren (siehe Kapitel 2). Nach den gängigen psychologischen Theorien wird der hypnotische Zustand nicht vom Heiler erzeugt, sondern entsteht im Klienten. Der Heiler oder Hypnotiseur erzeugt das Setting, in dem dieser Zustand entstehen kann und liefert die äußere Form, die Art und Dauer des Zustands zulässt.

Ähnlich verhält es sich mit der magischen Kraft: Sie ist da, sie ist überall in der Welt. Der Heiler erzeugt sie nicht, er erzeugt die äußere Form, durch die die magische Kraft sich im Patienten manifestieren und auf eine bestimmte Weise ordnen kann.

Das ist durchaus magisches Heilen, allerdings in einer ziemlich verwässerten Form, die jedoch den Vorteil hat, auch in unserer heutigen Zeit einigermaßen sozial verträglich und akzeptabel zu sein, zumal sie ebenso in der sehr materiellen Medizin durch den Placeboeffekt und die äußere Form der Behandlung enthalten ist, auch wenn sie mehr als Ärgernis betrachtet wird, das letztlich absolut nicht weltbild-kompatibel genannt werden kann.

Das eigentlich magische Heilen, das Heilen direkt von Geist zu Geist, der durch den Körper ungehinderte Fluss der magischen Kraft erfordert für uns moderne Europäer der Jetztzeit einen Quantensprung des Bewusstseins, nämlich den Übergang zu einem dreiteiligen Weltbild, das koexistierende, miteinander verträgliche Modelle des Materiellen, des Magischen und des Göttlichen zulässt.

Da wir inzwischen mit diesem Modell vertraut sein sollten, können wir nunmehr einen Blick auf das magische Heilen selbst werfen.

Kapitel 9

Die Formen der magischen Heilung

Die drei Ebenen der Welt

Vergegenwärtigen wir uns noch einmal das dreiteilige Modell der Welt mit den nahtlos und gleichgewichtig miteinander verschränkten Teilen oder Ebenen der Alltagswelt (der Welt des Materiellen, Körperlichen), der Anderswelt (der Welt des Geistes, der Welt von Sinn, Bedeutung und magischer Kraft) und der Götterwelt (der Welt der Seele, des Großen Musters, des Urvertrauens und der göttlichen Kraft):

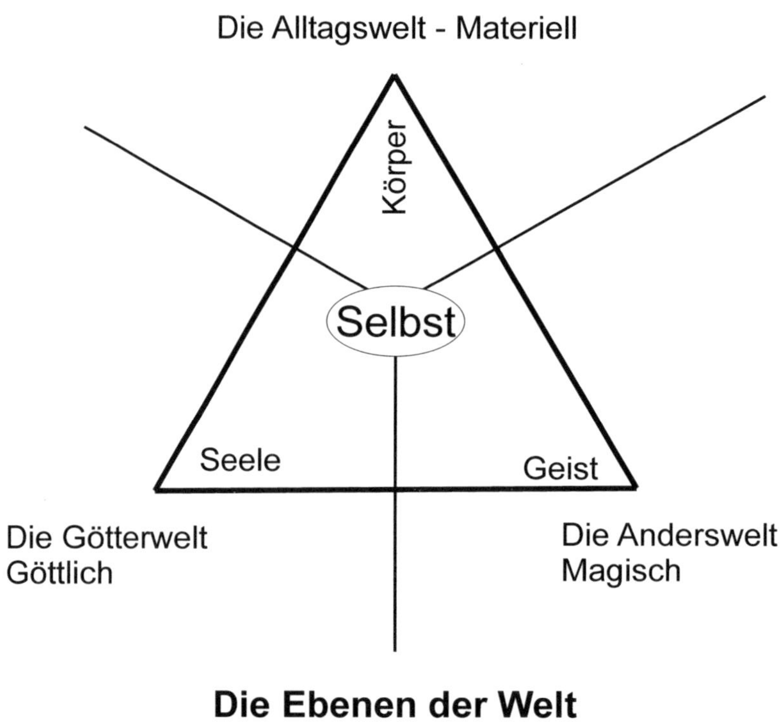

Diagramm 34: Die drei Ebenen der Welt

Die Anderswelt ist der Ort des Magischen, des Geistes und wenn eine Kommunikation direkt von Geist zu Geist stattfinden soll, dann kann das nur in diesem Teil der Welt geschehen. Dafür gibt es unterschiedliche Möglichkeiten, von denen die bekannteste sicher die schamanische Reise ist, die Reise des Schamanen in die Anderswelt. Allerdings verfügt eigentlich jeder Mensch über die Fähigkeit zur Anderswelt-Reise, wenn auch nicht über die handwerklichen Fähigkeiten des Schamanen, so dass dieses „Werkzeug" in einem bestimmten Maß auch als Hilfe zur Selbsthilfe geeignet ist. In meinem Buch „Die Anderswelt-Reise" habe ich detailliert und praxisbezogen dargestellt, wie eine Anderswelt-Reise durchgeführt werden kann. Wenn wir verstehen wollen, wie magisches Heilen funktioniert, müssen wir uns hier allerdings noch etwas genauer mit der Theorie beschäftigen.

Das Selbst

Das menschliche Selbst besteht aus Körper, Geist und Seele und es ist nur in dieser Dreiheit lebendig. Wir Menschen sind überwiegend in der Alltagswelt zu Hause, das heißt, das Selbst-Bewusstsein wird mehr durch den Körper bestimmt als durch Geist oder Seele. Das gilt nicht nur für uns Menschen, sondern für alle Wesen der Alltagswelt, für Pflanzen, Tiere und so weiter, während es sich bei den Wesen der Anderswelt genau umgekehrt verhält. Wenn wir also eine Anderswelt-Reise machen wollen, müssen wir in einen veränderten Bewusstseinszustand eintreten, der unser Selbst-Bewusstsein auf den Geist fokussiert. Allerdings dürfen wir den Körper dazu nicht einfach „ausschalten", wie das in vielen Formen der Meditation geschieht, da an ihm offenbar unser bewusster Wille hängt, den wir für die Ausübung des magischen Handwerks in der Anderswelt brauchen. Das wird durch die besondere Form der Anderswelt-Reise sichergestellt.

Das Selbst entsteht durch einen „Knotenpunkt" im Großen Muster, durch den die drei Ebenen oder Teile der Welt sich in einem „Untermuster" zusammenfinden, das während der Lebensdauer des Selbst existiert.

Jedes Wesen der Welt ist einerseits von der Welt verschieden und unterscheidet sich damit vom Rest der Welt. Andererseits ist es mit der Welt eins und daher nicht von ihr verschieden. Das Selbst ist zugleich eins und getrennt. Das macht sein Wesen aus.

Das folgende Diagramm zeigt das Selbst als Schnittpunkt der drei Ebenen:

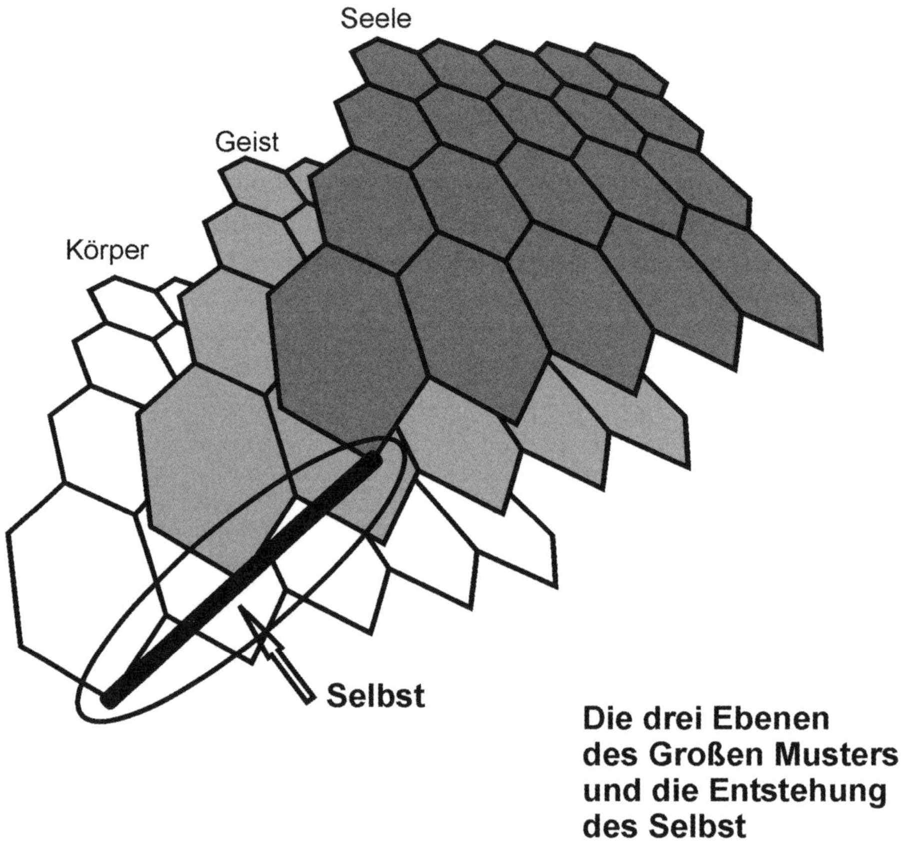

Diagramm 35: Die Entstehung des Selbst als Schnittpunkt der Ebenen der Welt

Wenn sich die drei Elemente des Selbst für einen Moment voneinander trennen, entsteht für diesen Moment die Wahrnehmung der Einheit desjenigen Elements, das sich im Vordergrund der Wahrnehmung des Selbst-Bewusstseins befindet. Viele Menschen kennen diese Wahrnehmung in der Form des „kosmischen Orgasmus": Die Achtsamkeit ist auf den Körper-Anteil des Selbst gelenkt und im Augenblick des Orgasmus manifestiert sich die Gewissheit der Einheit des Körpers mit der gesamten Welt. Ähnliche Wahrnehmungen sind auf der Ebene des Göttlichen durch die unmittelbare, persönliche Anschauung der Götter oder des Gottes und auf der geistigen Ebene durch den „ekstatischen" Eintritt in die Anderswelt möglich.

So gesehen ist der veränderte Bewusstseinszustand der Anderswelt-Reise zumindest in seiner ekstatischen Form nichts anderes als die Wahrnehmung der All-Einheit des Geistes. Verständlich, dass in diesem Zustand eine Kommunikation oder Interaktion von Geist zu Geist möglich wird.

Die äußere Form und das magische Heilen

Auch diese Prozesse brauchen und haben eine äußere Form. Diese Form ist zunächst einmal das Ritual. Es führt die Kräfte von Körper, Geist und Seele zusammen, fokussiert die Achtsamkeit auf das Hier und Jetzt und bezieht die Kräfte anderer Wesen mit ein. Das Ritual besteht aus Handlungen (Tanz, rituelles Schauspiel), Worten (Sprache und Gesang), Klängen, Düften und Gegenständen magischer Kraft. Es gliedert sich in Gebet, Anrufung und Handlung. Die Anrufung ist der magische Teil und mobilisiert die Kräfte und Fähigkeiten der beteiligten Menschen, ihrer Ahnen, der anderen Wesen (Pflanzen, Tiere, Steine), der Anderswelt-Wesen und aller anderen wohlwollenden „Selbste", die bereit sind, an der anstehenden Heilung teilzunehmen. Die Aufgabe des Schamanen besteht dann darin, diese Kräfte aufzunehmen, sie zu formen und zu bündeln und sie dem Erkrankten zur Verfügung zu stellen. Dies spiegelt sich in der Form des Rituals, so dass alle Beteiligten synchron mitwirken können.

Die folgende Geschichte macht die Wichtigkeit und die Rolle der äußeren Form deutlich:

Ein Ethnologe hatte so gegen 1900 die Gelegenheit, einem großen Heilungsritual eines indianischen Schamanen beiwohnen zu können. Er beobachtete an einer Stelle des Rituals, dass der Schamane mehr oder weniger heimlich einen Käfer in den Mund nahm, dann die Krankheit aus dem Patienten heraussaugte und in Form des Käfers schließlich ausspuckte. Nach Beendigung des Rituals nahm er einen der Teilnehmer beiseite und fragte: „Sag' mal, hast Du nicht gesehen, dass der Schamane Euch betrogen hat? Er hat den Käfer doch heimlich in den Mund gesteckt und nicht aus dem Kranken herausgesaugt!" Der so Befragte schaute den Ethnologen mit großen Augen an und antwortete schließlich: „Natürlich weiß ich das, aber der Schamane braucht doch irgendwas, um die Krankheit wieder loszuwerden, sonst bleibt sie noch in ihm stecken!"

Zunächst einmal zeigt diese Begebenheit, dass wir Europäer eine ziemlich seltsame und naive Vorstellung von magischer Arbeit haben, die durchaus auch heute noch vorherrscht, durch Harry Potter und ähnliche Geschichten genährt – die ich übrigens als Fantasy trotzdem sehr schätze. Dann zeigt sie aber auch, dass die äußere Form benötigt wird, damit die „inneren", magischen Dinge geschehen können. Wir Menschen sind nun einmal Wesen mit einem alltagsweltlichen Selbst-Bewusstsein und brauchen die äußeren, sichtbaren Formen, um mit den magischen Kräften umgehen zu können.

Die äußere Form kann je nach Bedarf und Gelegenheit sehr unterschiedlich sein, sehr klein und unauffällig, oder aber groß und aufwendig. Bei der im vorigen Kapitel berichteten Geschichte des Geschäftsmanns mit Zahnschmerzen beschränkte sie sich auf einen Telefonanruf. An einem großen Heilungsritual der nordamerikanischen Indianer können zahllose Menschen beteiligt sein, nämlich alle Verwandten und Freunde des Erkrankten und der Schamane mit seinen Helfern, und es kann sich über mehrere Tage erstrecken.

Die äußere Form ist durchaus nicht beliebig, aber sie passt sich den Notwendigkeiten und Gelegenheiten an. In den folgenden Kapiteln werde ich mehr darüber berichten.

Die Kraft der äußeren Form

Die äußere Form wird aber nicht nur benötigt, damit Dinge geschehen können und um die magische Kraft in eine konkrete Struktur zu bringen und zu transportieren. Sie enthält auch selbst magische Kraft, die im Ritual genutzt werden kann. Wie ein Akkumulator kann die Form (insbesondere natürlich auch ein magischer Gegenstand) mit Kraft gefüllt werden, die dann auf Abruf zur Verfügung steht. Möglicherweise stellt sie aber auch eine Verknüpfung her, einen Kanal, der durch regelmäßige Benutzung immer effektiver wird. Wenn wir Sheldrakes Modell der morphogenetischen Felder verwenden wollten, dann könnten wir sagen, dass häufige Wiederholung ein morphogenetisches Feld zunehmender Stärke erzeugt, das wiederum jede Wiederholung einfacher und stärker werden lässt als die voraus Gehende.

Dazu kommt noch, dass die Dinge selbst auch eine Kraft in sich enthalten. Es ist zum Beispiel bekannt, dass Farben auf den psychischen Zustand eines Menschen einwirken. Dabei handelt es sich (vielleicht mit Ausnahme von starkem Farblicht) nicht um eine physiologische Reaktion des Körpers auf äußere Reize, sondern um eine magische Wirkung: Der Körper nimmt die Farbe mit den Sinnesorganen auf, leitet die Wahrnehmung an den Geist weiter und reagiert auf die im Geist stattfindenden Änderungen.

Der Geist reagiert auch auf die mit Gegenständen verbundenen Bedeutungen und Geschichten und setzt diese Reaktionen in physiologische Veränderungen um: Die Herkunft und Entstehung eines (rituellen) Gegenstands, sein Schöpfer, seine Geschichte und Verwendung, die mit ihm verknüpften Erwartungen und Erfahrungen können schon allein große Kraft erzeugen. Ein mit ihm verknüpftes Geheimnis wird diese Kraft noch wesentlich verstärken. Deshalb auch werden rituelle Gegenstände (ebenso wie Götterstatuen) oft vor den Augen des Laien verborgen: Sie wirken aus dem Verborgenen heraus stärker und dauerhafter.

Die äußere Form ist nicht beliebig. So wie die Farben, so hat auch jedes einzelne Material, jedes Artefakt aus dem Tier- oder Pflanzenreich, jede Art der Verarbeitung oder Veränderung, auch jede Verbindung verschiedener Materialien und Gegenstände eine eigene Bedeutung und damit eine eigene Kraft.

Vielleicht wird dadurch deutlich, warum die Ethnologen sagen, dass die Schamanen die ersten Künstler der Menschheit waren und warum die ersten Künstler magisch arbeiteten: Sie erzählten Geschichten, transportierten in ihren Werken Bedeutung, schufen magische Kraft in einer alltagsweltlichen Form und stellten das Magische in der Welt in einer „greifbaren" Weise dar, die mit den Worten unserer Alltagsprache nicht möglich ist, sondern nur in Poesie, Musik, Skulptur, Malerei und so weiter. Heute übrigens tun Künstler andere Dinge und haben andere Ziele, die mit den Gründen, weshalb Menschen die Kunst erfanden oder entdeckten, nichts mehr zu tun haben. Doch das ist eine andere Geschichte.

Kunst und Handwerk des Magischen

Fassen wir einmal zusammen: Die magische Heilung beruht auf dem Urvertrauen, das wiederum der göttlichen Heilung zugänglich ist, und der Heilungserwartung. Die äußeren Formen der magischen Heilung wirken eigentlich nicht viel anders als die Rohrleitungen des Klempners: Das Wasser fließt nicht unkontrolliert durch unsere Wohnung, sondern genau dahin, wo wir das Geschirr abwaschen wollen und es fließt auch nur dann, wenn wir es brauchen.

Urvertrauen
Heilungserwartung
Magisches Handwerk

> Bekanntlich ist alles möglich, was wir denken können. Ich kann also denken: „Der Mond besteht aus grünem Käse!" Damit habe ich zwar eine Möglichkeit geschaffen, aber keine Gewissheit, ja, nicht einmal eine Wahrscheinlichkeit. Die Kunst des magischen Handwerks besteht letzten Endes darin, aus der Möglichkeit der Heilung zumindest eine Wahrscheinlichkeit, möglichst aber eine Gewissheit zu machen.

Dafür benötige ich Glauben und Gewissheit, sowie Kenntnisse, Geschicklichkeit und Erfahrung in der Nutzung der äußeren Form.

Urvertrauen
Heilungserwartung
Magisches Handwerk
Glauben
Gewissheit
Kenntnisse
Talent
Geschicklichkeit und
Erfahrung in der Nutzung der äußeren Form

Die Heilungswahrscheinlichkeit hängt dabei keinesfalls nur vom Heiler ab. Vielmehr spielen auch der Erkrankte und das Verhältnis zwischen Heiler und Patient eine wesentliche Rolle.

1. Urvertrauen und Heilungserwartung des Heilers und des Patienten bestimmen gemeinsam darüber, wie stark die magische Kraft fließen kann.

2. Die Heilungswahrscheinlichkeit steigt, wenn es einen Konsens zwischen Heiler und Patienten gibt. Beide müssen darin übereinstimmen, dass die gestellte Diagnose und die Form der Therapie geeignet sind, eine Heilung herbeizuführen, um den Erfolgsspielraum optimal nutzen zu können.

3. Der Patient darf, soweit sein Zustand es zulässt, nicht passiv sein. Er muss aktiv am Heilungsprozess mitwirken.

4. Der Heiler benötigt beides: Urvertrauen und Heilungserwartung auf der einen Seite und handwerkliches Können im Umgang mit den Kräften des Magischen auf der anderen Seite. Das Urvertrauen des Heilers ist sein „Charisma", sein handwerkliches Können, seine Kompetenz.

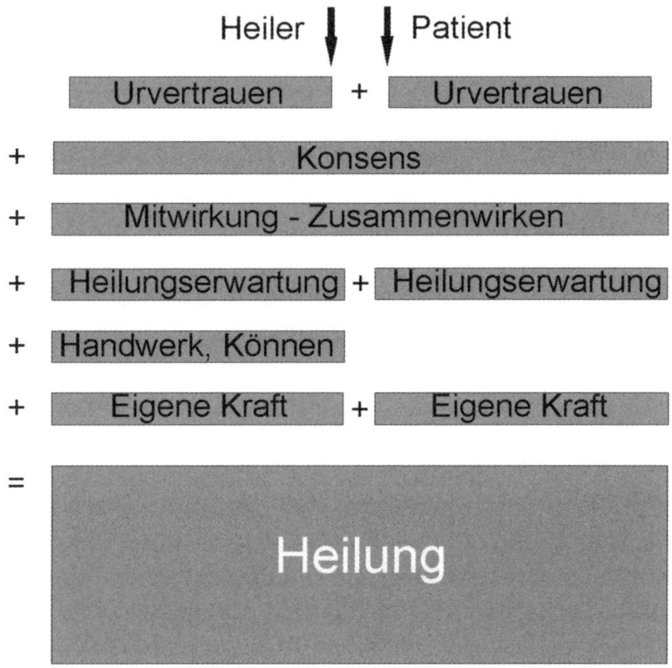

Diagramm 36: Die Komponenten der Heilung

Das klingt alles sehr banal und vielleicht sogar enttäuschend. Immerhin ließen sich diese Sätze ja auch so deuten, als bestünde die ganze magische Show nur aus dem Glauben daran, dass sie existiert und ein paar psychologischen Tricks und Augenwischerei. Wenn ein paar bunte Zuckerpillen den Placeboeffekt auslösen, der ja auch magisches Heilen ist, wenn (wie im Fall des Geschäftsmannes mit Zahnschmerzen) eine Heilung stattfindet, obwohl der Heiler vergisst zu heilen, wenn Leute mit total übersteigertem Selbst- und Sendungsbewusstsein unterwegs sind, vom Handwerk des magischen Heilens keine Ahnung haben und trotzdem hin und wieder Heilung bewirken – was ist dann eigentlich dran am magischen Heilen?

Der Witz an der Sache ist, dass magisches Heilen dauernd geschieht. Jeder macht es für sich, ständig, meist ohne es zu bemerken. Die magische Kraft ist einfach in der Welt, sie wirkt ebenso wie die Kräfte der alltäglichen Wirklichkeit, ständig, unauffällig, halt banal.

Die Segnungen der Technik kommen für uns ebenso banal daher. Wir betätigen einen Lichtschalter und das Licht geht an, wir starten unser Auto und fahren los – und wer denkt schon darüber nach, dass das eigentlich ganz besondere Dinge sind, die schon fast an Wunder grenzen? Erst wenn die besondere Leistung ins Spiel kommt, wenn die erste Rakete zum Mond startet, oder (bedauerlicherweise) die erste Atombombe explodiert, erst dann kommen wir ins Staunen und wundern uns darüber, was alles möglich ist.

> Genauso verhält es sich mit dem Wirken des Magischen in der Welt: Es geschieht ständig, in jedem Gespräch zwischen Arzt und Patient, in jeder erfolgreichen Selbstheilung kleiner „gesundheitlicher Entgleisungen", in jeder bunten Pille: immer ist nicht nur das materielle Heilen, sondern auch das magische im Spiel. Deshalb bemerken wir es normalerweise auch gar nicht. Erst wenn das Besondere geschieht, das Wunder, die absolut unerklärliche Spontanheilung, dann merken wir auf. Doch wie wollen wir das Besondere verstehen, wenn wir das Einfache und Alltägliche nicht einmal beachten?

Das sind die einfachen und alltäglichen Grundlagen:

Menschen, deren Urvertrauen unbegrenzt groß ist, können nach Lourdes pilgern und eine Wunderheilung erfahren. Gewöhnlich jedoch ist unser Urvertrauen heutzutage und hierzulande eher schwach ausgeprägt. Da die Menge des Urvertrauens (oder vielleicht sollte man besser sagen, die Qualität des Urvertrauens) von Heiler und Patient zusammen den Ausschlag gibt, gehört es zu den Qualifikationen des Heilers, für ein möglichst großes und stabiles Urvertrauen in sich selbst zu sorgen. Doch wie macht man das? Der Heiler muss zwangsläufig an seiner Biografie arbeiten, versuchen, so weit es menschenmöglich ist, mit sich und der Welt Frieden zu schließen, innere Gelassenheit und Achtsamkeit zu gewinnen und vor allem verstehen, was die Welt und damit die Menschen „zum Ticken bringt". Er muss lernen, keine Werte an andere Wesen, an ihre Beweggründe und Handlungen zu hängen und die Lust, die Kraft und Sinnhaftigkeit des Lebens zu erfahren und zu er-leben. – Wem das gelingt, der hat die erste Stufe zur Qualifikation als Heiler erreicht.

Die Heilungserwartung kann nur dann groß und vor allem präzise sein, wenn man sich mit dem Wirken der magischen Kraft in der Welt vertraut macht. Nur wer in eigenen Erfahrungen und Beobachtungen ständig mit ihr umgeht, kann die innere Gewissheit über ihre Stärke und Möglichkeiten erlangen.

Und nicht zuletzt geht es darum, das Handwerk zu erlernen und zur Perfektion zu treiben. Viele Leute können Klavier spielen, doch nur die wenigsten schaffen es als bewunderte Solisten bis auf die Podien der Konzertsäle. Nur wer die Musik als lebendige Kraft wirklich in sich spürt, nur wer ihre Bedeutung und Wichtigkeit selbst immer wieder und wieder erfährt und wer hartnäckig und ausdauernd genug ist, um ständig, täglich, ein Leben lang zu üben, schafft die Voraussetzung dafür, wirklich ein Meister seines Fachs zu werden.

Hierzulande und heutzutage fehlen uns dafür die einfachsten Voraussetzungen. Das Erfahrungswissen ist uns verloren gegangen und vor allem fehlen uns die anderen Voraussetzungen. Es sollte eigentlich klar sein, dass die handwerkliche Perfektion nur einen kleinen Teil der Qualifikation ausmacht. Dennoch schielen die meisten Menschen immer nur darauf: „Wie geht dieses Ritual?", „Was muss ich tun, und vor allem, wie muss ich es machen?", „Muss ich die Kerze von rechts nach links tragen oder umgekehrt?" Dazu kommt die weit verbreitete Mentalität des schnell, einfach und außerdem noch möglichst billig.

Natürlich können wir auf diese Weise kleine Erfolge erzielen. Wenn wir allerdings das Besondere suchen, das Außergewöhnliche, dann betreten wir ein anderes Spielfeld: Wer nicht begriffen hat, dass nicht nur magisches Heilen, sondern jede Form der magischen Arbeit eine darauf gerichtete Art zu leben erfordert, wird auch mit den ausführlichsten handwerklichen Hinweisen und Unterweisungen im Bereich des Gewöhnlichen bleiben.

Doch das Leben besteht nun einmal aus den vielen gewöhnlichen Dingen und nur wenigen außergewöhnlichen und deshalb ist es wichtig, den Blick auch auf diese gewöhnlichen Dinge zu richten – und durch sie können wir vielleicht dann das Besondere verstehen.

Kapitel 10

Der magische Teil der Welt

In unserem „normalen", alltäglichen Wachbewusstsein liegt der Focus unseres Bewusstseins auf unserem alltagsweltlichen Anteil und unser Ego (also das unwillkürliche Wissen um unsere Identität als von der Welt verschiedenes Selbst) speist sich aus unserem alltagsweltlichen Teil. Der größte Teil unserer Lebensäußerungen erfolgt ja nicht bewusst in dem Sinne, dass wir jedes Muskelzucken, jede winzige Wahrnehmung, jede Entscheidung oder alles daraus entstehende Handeln „bedenken". Der Austausch zwischen Körper, Geist und Seele erfolgt über eine Schnittstelle sozusagen über winzige Impulse, die weitgehend autonome Regelkreise in Bewegung setzen. Dabei ist unser Bewusstsein ebenso wie unser Ego eher auf unseren alltagsweltlichen Anteil, also die Welt des Körpers gerichtet. Unser „Bewusstsein" hängt an unserer Wahrnehmung und das Ego, derjenige Teil von uns, der unsere Selbstidentität und die Kontinuität unserer Existenz sichert, hängt wiederum an unserem Bewusstsein.

Wenn wir uns noch einmal an das Modell der Verknüpfungen zwischen Körper, Geist und Seele aus Kapitel 9 erinnern, dann können wir es jetzt um diesen wesentlichen Punkt ergänzen:

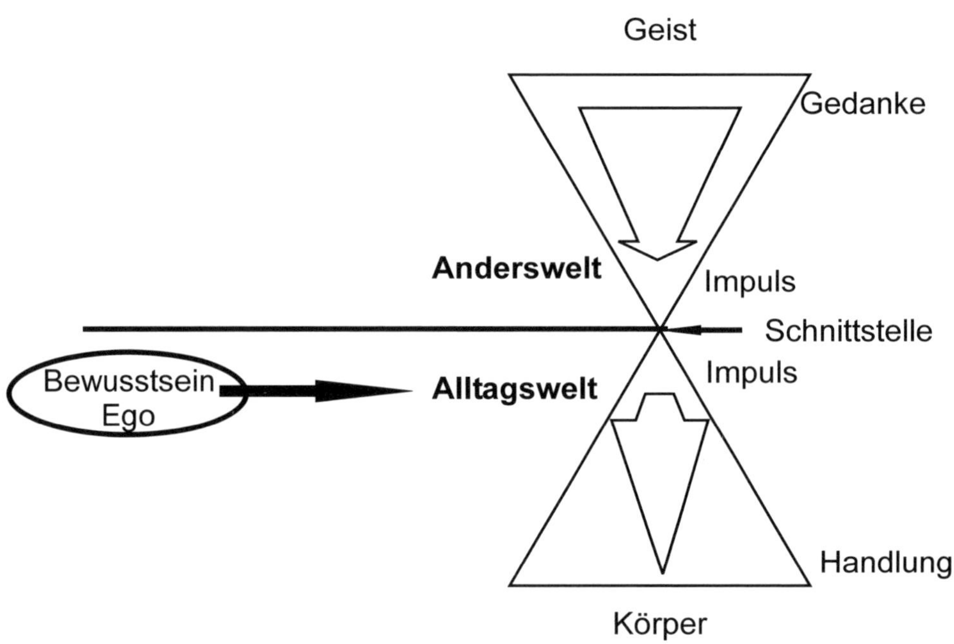

Diagramm 37: Veränderte Bewusstseinszustände entstehen aus der gerichteten Aufmerksamkeit des Bewusstseins.

Bedenken wir: Wir sind als lebendiges Selbst zugleich von der Welt verschieden und mit ihr eins. Bewusstsein und Ego „sichern" dabei dieses Verschieden-Sein und damit unsere Lebendigkeit. Das Eins-Sein mit der Welt erhalten wir uns durch die „Beweglichkeit" unseres Bewusstseins. Am Beispiel des Kosmischen Orgasmus habe ich bereits gezeigt, dass eine vollständige Verschiebung des Bewusstseins in die Alltagswelt des Körpers zu der Empfindung unseres Eins-Seins mit diesem Teil der Welt führen kann. Ebenso sind wir natürlich in der Lage, den Fokus unseres Bewusstseins auf die Anderswelt (in einer ekstatischen Anderswelt-Reise) oder auf die Götterwelt (in mystischer Verzückung und der Anschauung Gottes oder der Götter) zu verschieben. Allerdings sorgt der Anker unseres Egos und unseres Bewusstseins, auch wenn beides für eine Zeit aus unserer Wahrnehmung verschwindet, dafür, dass es da etwas gibt, das empfinden und wahrnehmen kann. So sind Bewusstsein und Ego quasi die „Augen der Welt" (nicht nur des Selbst!), die Möglichkeit der Welt, sich selbst wahrzunehmen. Deshalb auch ist es sicher nicht angemessen, Ego und Bewusstsein gering zu schätzen, wie es manche spirituell orientierten Menschen tun. Wichtig ist jedoch, das Gleichgewicht zu halten, das Gleichgewicht zwischen Eins-Sein und Verschieden-Sein. Doch das ist ein spannendes Thema, das nicht in dieses Buch gehört. Hier ist nur ein Teil davon wichtig:

Durch den willentlichen oder unwillkürlichen Eintritt in verschiedene veränderte Bewusstseinszustände können wir uns aus der Alltagswelt zurückziehen und entweder in die Anderswelt oder die Götterwelt eintreten. Im Grunde genommen verschieben wir dabei nur unsere Wahrnehmung und damit die an ihr hängenden Teile Bewusstsein und Ego von einem Teil der Welt auf einen anderen.

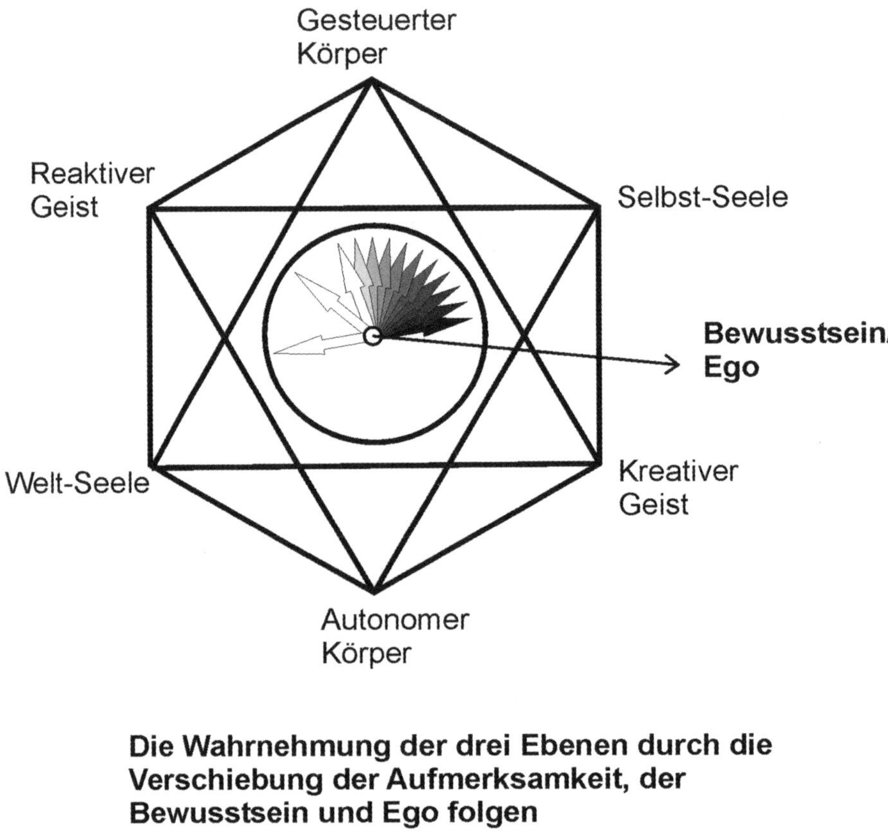

Diagramm 38: Die Wahrnehmung der drei Ebenen der Welt durch die Verschiebung der Aufmerksamkeit, der Bewusstsein und Ego folgen

Der Ort des Magischen in der Welt, die Heimat des Geistes, ist – wie wir bereits mehrfach gesehen haben – die Anderswelt. Das Mittel der schamanischen Reise oder Anderswelt-Reise ermöglicht es uns, in diesem Sinne in die Anderswelt einzutreten.

Von den Orten und Wesen der Anderswelt

In meinem Buch „Die Anderswelt-Reise" habe ich dieses Thema praktisch und theoretisch sehr ausführlich behandelt. Hier möchte ich nur einige Dinge kurz zusammenfassen, die wir für das Verständnis des magischen Heilens wissen sollten.

Die Anderswelt ist der Ort von Sinn und Bedeutung und auf der „Reise" tauchen wir in diese Kräfte, diesen Teil des Großen Musters vollständig ein. Unsere Wahrnehmung ist dem zunächst einmal nicht gewachsen. Sie besteht ja nur zu einem geringen Teil aus unseren (körperlichen) Sinnesorganen und den durch sie aufgenommenen Reizen, überwiegend ist sie ein System von „Bildern" und Kategorien, mit denen wir unsere Weltwahrnehmung ordnen, bewerten und in Handlungen umsetzen. Diese Wahrnehmung nehmen wir sozusagen in die Anderswelt mit. Deshalb kleiden wir die Erscheinungen dieses Teils der Welt unwillkürlich und zwangsläufig in Bilder, die unser Selbst kennt. Deshalb stellt sich uns die Anderswelt auch gewöhnlich als Landschaft dar und die Wesen (oder Kräfte) denen wir in ihr begegnen als Lebewesen in uns bekannten Formen. Ganz gewiss gibt es in der Anderswelt keine Menschen, Tiere, Pflanzen, Steine oder andere Wesen dieser Art. Was auch immer es genau ist, dem wir in der Anderswelt begegnen, unsere Wahrnehmung kleidet es in diese Bilder ein – und wir brauchen diese Bilder, um mit unseren Wahrnehmungen umgehen zu können.

Das sollten wir immer bedenken, wenn wir von „Krafttieren", „Helfertieren", Heilertieren", „Beratern" und anderen Wesen der Anderswelt sprechen. Wir begegnen hier Mustern von Kräften oder auch Wesen, denen unsere Wahrnehmung diese Form gibt. Wichtig zu wissen ist jedoch, dass unsere Wahrnehmungen nicht einer Innenschau entspringen, sondern tatsächlich Teile der (Anders-)Welt sind, denen wir im Außen begegnen.

Naturgemäß erzeugen Menschen, wenn sie miteinander kommunizieren, einen Konsens über die Bilder ihrer Wahrnehmung, denn sonst wäre eine Verständigung nicht möglich. Deshalb gibt es unterschiedliche Traditionen der Bilder. Da unsere eigene schamanische Tradition lange unterbrochen war, orientieren sich die meisten Menschen, die sich heutzutage und hierzulande mit der Anderswelt beschäftigen, eher an den nordamerikanischen, indianischen Traditionen und Bilderwelten, da es diese „zum Anfassen" immer noch gibt. Der grundlegende Inhalt dieser Bilderwelt ist und war aber in allen Traditionen weitestgehend deckungsgleich.

Danach gibt es für jeden Menschen ein Krafttier, ein Wesen, das zu ihm gehört, das ihm mit Rat und Hilfe zur Seite stehen kann und das ihn ein Leben lang begleitet. Der „Neuling" in der Anderswelt hat deshalb als erstes die Aufgabe, „sein" Krafttier zu finden und sich mit ihm vertraut zu machen. Daneben existieren in der Anderswelt Helfertiere und vor allem die Heilertiere, sozusagen übergeordnete Instanzen der Heilkraft, die jedem zur Verfügung stehen können. Die handwerkliche Kunst des Anderswelt-Reisenden besteht nun darin, zunächst einmal die Anderswelt-Reise selbst als bewusstseinsveränderndes Handwerk möglichst gut zu beherrschen, denn von der „Eintauchtiefe" in die Anderswelt hängt es ab, wie effektiv sich mit den Kräften dieser Wesen umgehen lässt.

Das oben beschriebene Modell zeigt uns, dass die Anderswelt-Reise eine Gratwanderung ist: Auf der einen Seite geht es darum, unsere Wahrnehmung und damit unser Bewusstsein und unser Ego so zu verschieben, dass die Anderswelt möglichst ausschließlich in unsere Aufmerksamkeit rückt. Auf der anderen Seite dürfen Bewusstsein und Ego nicht erlahmen, der bewusste Wille muss erhalten bleiben, denn sonst könnten wir in der Anderswelt nicht handeln und nicht mit den magischen Kräften umgehen. Die verschiedenen handwerklichen Elemente der Anderswelt-Reise dienen genau diesem Zweck. Nur wenn das begleitende Ritual, die verwendeten Klänge, Reisehaltungen, „Zielvorrichtungen" und so weiter sachgerecht angewendet werden, kann genau dieser Zustand des Bewusstseins erreicht werden.

Was geschieht nun, wenn der gewünschte Zustand, der Eintritt in die Anderswelt, tatsächlich erfolgt? Um das verstehen zu können, müssen wir uns noch einmal kurz dem Begriff des Urvertrauens zuwenden.

> Wenn das menschliche Selbst zugleich von der Welt verschieden und mit ihr eins ist, dann ist das Urvertrauen die Gewissheit, die Empfindung und die Wahrnehmung des Eins-Seins mit der Welt. Die magisch begründete Heilungserwartung beruht jedoch auf der Gewissheit des Verschieden-Seins von der Welt, denn wir können die in ihr ruhenden Kräfte der Heilung nur benutzen und auf uns ziehen, wenn wir von der Welt verschieden sind.

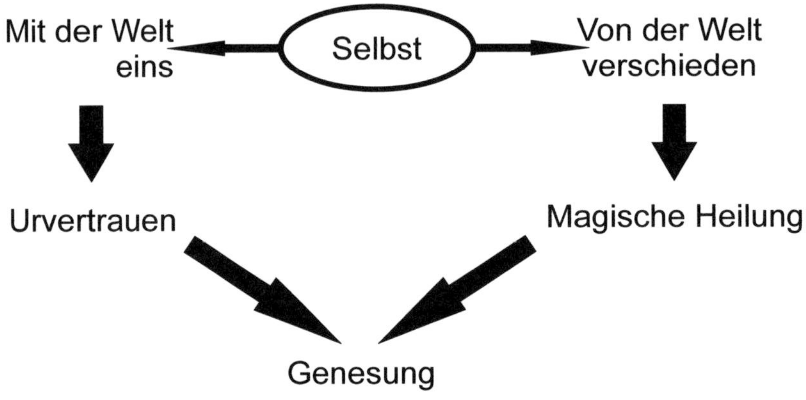

Diagramm 39: Heilung entsteht aus dem Eins-Sein mit und zugleich aus dem Verschieden-Sein von der Welt.

Jetzt lässt sich übrigens auch eine Frage klarer beantworten, die bisher im Ungewissen bleiben musste: Wie kann es uns gelingen, unser Urvertrauen zu stärken, ohne das eine Heilung nicht möglich ist?

Wir können die Erfahrung des Eins-Seins mit der Welt nicht durch Wissen erlangen, sondern eben nur durch unsere ureigene, persönliche Erfahrung, durch unser Erleben. Auf der Ebene des Körpers erleben wir das Eins-Sein durch den kosmischen Orgasmus, auf der Ebene des Geistes durch die ekstatische Anderswelt-Reise und auf der Ebene des Göttlichen durch die ebenso ekstatische persönliche Anschauung Gottes oder der Götter (oder eine jeweils ähnlich gelagerte Erfahrung).

Die meisten Menschen machen diese Erfahrungen in ihrem Leben nur näherungsweise, manche vielleicht auch gar nicht. Deshalb ist ihr Urvertrauen (jedenfalls in unserer Kultur) nur wenig bis mäßig gut ausgeprägt. Ein Mensch jedoch, der eine dieser Erfahrungen wirklich für sich gemacht hat, wird über ein starkes und stabiles Urvertrauen verfügen, gar nicht zu reden von demjenigen, der alle drei Erfahrungen aus eigener Anschauung kennt!

Damit es keine Missverständnisse gibt: Die Schlussfolgerung daraus heißt nicht, dass wir uns nun alle auf die Suche nach der ultimativen Erleuchtung begeben müssen, um ein sinnerfülltes Leben führen zu können. Sie heißt aber, dass wir alle uns mehr um unser Selbst kümmern, es pflegen und seine Bedürfnisse erfüllen sollten, damit wir uns in der Welt wohl fühlen können. Dieses sich Wohlfühlen hängt naturgemäß von den inneren und äußeren Gegebenheiten ab und kann für jeden Menschen sehr unterschiedlich sein, aber das erreichbare Maß auch tatsächlich zu erreichen oder zumindest gelassen danach zu streben, ist die Basis eines gesunden Urvertrauens. Darüber hinaus brauchen wir auch ein wenig Zeit und Raum (jeder nach seinem Bedürfnis), damit wir uns um die anderen Teile unseres Selbst kümmern können. Wer sich vollständig von den Tretmühlen der Alltagswelt einfangen lässt, ist nicht mehr vollständig, weil Geist und Seele verkümmern.

Die Welt des Geistes, die Anderswelt auf die oben beschriebene ekstatische Weise zu erfahren, vermittelt zugleich die innere, absolute Gewissheit von der Pracht und Schönheit der in ihr ruhenden Kräfte und damit von den (magischen) Möglichkeiten des Heilens und der Heilung, die uns Menschen zur Verfügung stehen.

Das gilt für den Mediziner ebenso wie für den Schamanen und den Priester, und da eine Heilung aus dem Zusammenwirken der Kräfte des Heilers und des Patienten entsteht, auch für den Patienten. Der Heiler als Spezialist des Heilens wird dabei gewöhnlich über ein stärkeres Maß dieser Kräfte verfügen als der Patient und zusätzlich über das handwerkliche Wissen davon, wie diese Kräfte im konkreten Fall verstärkt, gelenkt und genutzt werden können.

Kehren wir wieder zur Anderswelt zurück: Die Anderswelt ist der Ort von Sinn und Bedeutung. Alles, was wir in der Anderswelt in unsere eigenen Bilder eingekleidet wahrnehmen, ist eigentlich eine Wahrnehmung von Sinn und Bedeutung. Dabei müssen wir uns immer vor Augen halten, dass Sinn und Bedeutung nicht abstrakte Gedankengebilde sind, sondern konkrete Kräfte, die als Kräfte oder auch als Wesen in der Welt wirken. Ebenso wie unser Geist sind sie in der Anderswelt angesiedelt und wirken durch „Schnittstellen" in die anderen Ebenen der Welt hinein. In dem Augenblick, in dem wir uns in die Anderswelt begeben, stellen auch wir eine solche Schnittstelle dar: Unser Geist agiert mit diesen Kräften und Wesen, wird von ihnen geformt und verändert und formt und verändert sie auch. Und das wirkt sich durch unser Selbst ebenfalls auf die anderen Ebenen der Welt aus.

Natürlich: Da unser Geist immer Teil der Anderswelt ist, finden diese Interaktionen ständig statt. Unser Bewusstsein und das an ihm hängende Ego sind jedoch meist auf die Alltagswelt fokussiert, so dass diese Interaktionen unbewusst und damit nur schwach und möglicherweise ungezielt stattfinden.

Magische Arbeit heißt deshalb, bewusst und gezielt in der Anderswelt und mit den Kräften und Wesen der Anderswelt auf der Ebene von Sinn und Bedeutung zu arbeiten und damit auf den Lauf der Welt einzuwirken.

Der Intellekt und das rationale Denken gehören jedoch in den Bereich der Alltagswelt, denn sie sind der Kausalität und Linearität unserer alltagsweltlich geprägten Wahrnehmung verhaftet. Da unsere Sprache und damit die Möglichkeiten unseres Denkens wiederum durch die Struktur unserer Wahrnehmung bestimmt werden, sind die Bilder, durch die wir die Anderswelt wahrnehmen auch kein Notbehelf: In Bildern, in Poesie, bildender Kunst und Musik können wir von Sinn und Bedeutung „reden", können wir nicht-lineare Muster, Sinn, Bedeutung und Synchronizität nicht erkennen, denn Erkennen wäre nur alltagsweltlich, sondern Einsicht in sie gewinnen und so sinnvoll mit ihnen umgehen.

Wörter wie „weil", „wegen", „dann" und erst recht natürlich „folglich", „deshalb" und so weiter beschreiben lineare und kausale Zusammenhänge. Wer einmal versucht hat, in unserer Sprache einen komplexen Zusammenhang wie das Heilen zu beschreiben, ohne auch nur im Geringsten zur Kausalität der Sprache Zuflucht zu nehmen, weiß, dass das unmöglich ist – es sei denn eben, wir verwenden die Wörter poetisch. Schon alleine zu sagen, dass wir durch unser magisches Handeln eine Synchronizität herstellen, in der Heilung geschieht, ist kausales Denken und Sprechen. Also halten wir uns an die Bilder der Anderswelt in unserem Geist und gewöhnen wir uns daran, dass unser rationales Denken sich ihnen nur ganz entfernt annähern kann! Genau deshalb übrigens lässt sich Anderweltliches auch nicht wirklich als zwischen Buchdeckel geklemmtes Wissen vermitteln, sondern nur durch eigenes Er-Leben selbst und gemeinsam erfahren.

Von den magischen Kräften der Tiere, Pflanzen und Steine

Alle Wesen dieser Welt haben ihren magischen Anteil und sind so Teil der Anderswelt. Deshalb bezieht magisches Handeln auch den Umgang mit anderen Menschen, mit Tieren, Pflanzen und Steinen ein.

Nehmen wir als Beispiel einmal die Pflanzen:

Der alltagsweltliche Anteil einer Pflanze ist das Kraut mit seinen Inhaltsstoffen, die eine allopathische Wirkung haben können, also eine medizinische, körperliche Heilwirkung. Hier gibt es allerdings schon zwei Stufen: Die Pharmaindustrie versucht, Wirkstoffe zu synthetisieren oder zumindest zu extrahieren und zu standardisieren. Über die Vor- und Nachteile solcher Verfahren lässt sich trefflich streiten. Eins allerdings steht fest: Die ganze Pflanze selbst oder vollständige Teile von ihr, frisch eingenommen, als Droge in Form von Tee, getrocknet und geräuchert oder in anderen Darreichungsformen verbindet uns zumindest auf der Ebene der äußeren Form mit dem Wesen Pflanze. Das ist in einem viel stärkeren Maße magisch als die synthetisch hergestellte Pille und gibt dem Magischen damit einen größeren Raum „andocken" und so seine Wirkung (und sei es auch „nur" in Form des Placeboeffektes) zu entfalten.

Neben der allopathischen hat jede Pflanze aber auch noch eine rein magische Wirkung, die nicht nur an ihrer äußeren Form hängt. Diese magische Wirkung liegt im Bedeutungszusammenhang, der zwischen Heiler, Patient, Erkrankung und Pflanze entsteht. Sie hat nichts, aber auch gar nichts mit den allopathischen Eigenschaften dieses Lebewesens zu tun, sondern nur und ausschließlich mit seinen magischen, die sich in der Anderswelt enthüllen. So kann in jedem einzelnen Fall die hilfreiche Pflanze eine andere sein, selbst wenn die Erkrankung und die äußeren Begleitumstände gleich sind. Die „Strickmuster" des Heilers und des Patienten spielen hier eine Rolle, der Standort der Pflanze vielleicht, unter Umständen auch die Zuneigung zwischen der Pflanzenseele und dem Heiler oder dem Patienten – alles Eigenschaften, die auf magischem Weg in jedem Einzelfall ermittelt werden müssen. Darüber hinaus spielt es natürlich auch eine Rolle, wie andere Heiler und Patienten mit einer bestimmten Pflanzenart umgegangen sind, mit welchem Respekt und welcher Zuneigung sie gehandelt haben, denn nach dem Modell der morphogenetischen Felder geht zumindest auf magischer Ebene keine Handlung verloren, sie wirkt in der Synchronizität mit allen anderen vergangenen, gegenwärtigen und zukünftigen Handlungen zusammen.

Dann gibt es auf der Ebene des priesterlichen Handelns und Heilens noch den Zusammenklang mit der Pflanzenseele. Wobei die meisten Pflanzen eher eine Gruppenseele haben, eine Pflanzendeva – ein Thema, mit dem sich der Autor und Pflanzenkenner Wolf-Dieter Storl intensiv beschäftigt hat.

Pflanzen ebenso wie andere Lebewesen sind die Freunde des Heilers, nicht Material oder Chemie. Sie werden nicht benutzt wie „tote" Materie, sondern wirken mit dem Heiler zusammen als Mit-Lebewesen, deren Hilfe erbeten wird – und er begegnet ihnen in der Anderswelt sozusagen auf Augenhöhe, wie es sich für Begegnungen mit Geist und Seele begabter Lebewesen gehört.

Von den magischen Kräften der Worte, Klänge und Bewegungen

Auch Worte, Klänge und Bewegungen haben eine „allopathische" Wirkung. Bewegung verändert den physiologischen Zustand des Körpers und ist deshalb unter anderem für die Induzierung bestimmter veränderter Bewusstseinszustände wichtig. Die Schwingungen von Klängen ebenso wie rhythmische Geräusche haben einen direkten Einfluss auf wichtige Körperfunktionen. Das gilt in diesem Fall ebenso für Wörter, deren Klang auch auf dem Weg der Schwingung auf den Körper einwirkt.

Außerdem wirken auf der magischen Ebene die Bedeutungen der Wörter und die mit ihnen verknüpften Bilder. Und auch Klänge und Rhythmen verändern auf dem Weg über den Körper unseren geistigen Zustand. Hinzu kommt außerdem über die Entstehung der morphogenetischen Felder die Kraft, die in der akkumulierenden Wirkung der Wiederholung liegt. (Zu der Wirkung von Klängen siehe mein Buch „Schamanische Ritualmusik und die Kraft der Klänge")

Mit am wichtigsten bei diesen Elementen sind zwei Wirkungen: Auf der einen Seite dienen sie in der rituellen Verwendung dazu, Körper, Geist und Seele in Gleichklang zu bringen, das heißt, sie sorgen dafür, dass die Kräfte von Körper, Geist und Seele zusammenfließen und sich auf ein Ziel konzentrieren. Ohne diesen Effekt, läge ein Teil unserer Kapazitäten bei der magischen Arbeit brach, weil zum Beispiel der Körper nicht mit in die Arbeit einbezogen wird, wenn wir bewegungslos irgendwo herumhocken und versuchen, unsere geistigen Kräfte zu aktivieren: Zustandsveränderungen des Körpers, das sollten wir ja nun inzwischen wirklich wissen, wirken sich direkt auf den Geist aus und deshalb sollten wir sie benutzen um Kraft und Zielstrebigkeit zu verstärken.

Das ist die eigentlich magische Wirkung eines Ritualtanzes: Die Bewegungen stimmen nicht nur den Körper auf die Aufgabe ein, sondern auch den Geist (und natürlich auch unsere Seele) und lassen beide näher zusammenrücken. Nebenbei sei hier bemerkt, dass die Überschreitung körperlicher Grenzen, zum Beispiel beim Tanz der Derwische und in anderen Formen körperorientierter Meditation, einen zeitweiligen Zusammenbruch unseres Systems herbeiführt, der – richtig gelenkt – direkt in einen Zustand der Erleuchtung übergehen kann. Daran sehen wir, welche potentielle magische Kraft in der rituellen Bewegung steckt.

Auch bei der Verwendung von Worten, Bewegungen und Klängen spielt das Urvertrauen hinein. Wenn wir die innere Gewissheit nicht haben, dass die Dinge sind, wie sie sind und dass wir uns auch auf dem Wege des Rituals in die Ordnung der Welt einfügen, werden diese Elemente schon eine Wirkung haben, eben die Wirkung des Placeboeffektes. Aber auf der Basis des Urvertrauens und der handwerklichen Geschicklichkeit können wir diese Wirkung wesentlich verstärken und zu wahrem magischen Handeln gelangen. So greifen alle Elemente nahtlos ineinander: Die handwerklichen Kenntnisse und Geschicklichkeiten haben mit der Ebene des Körpers zu tun. Sie unterstützen und stärken das magische Handeln ebenso wie das Urvertrauen unserer Seele. Ebenso benutzt das seelische Heilen die Mittel der Magie und des Alltagsweltlichen, so wie die alltagsweltlichen Mediziner durch den Placeboeffekt auch immer mit dem Magischen operieren, ob sie es denn wissen oder nicht.

Kapitel 11

Von der magischen und göttlichen Kraft der Zuneigung, von Lust und Liebe

Der Weg zur Heilung ist der Weg der Anteilnahme und der Zuneigung. Der Heiler als Stellvertreter der Gesellschaft (Familienverband, Clan, Stamm) öffnet sich dem Erkrankten, fängt ihn auf und hilft ihm, sich wieder in das Große Muster einzufügen, wieder umsorgter, geachteter und beachteter Teil der Welt, der Gesamtheit aller Wesen zu werden.

Angehende Mediziner lernen dahingegen, distanziert zu sein und gerade nicht Anteil zu nehmen. Außerdem ist unser Gesundheitssystem so konzipiert, dass ausschließlich Sachleistungen (also Reparaturmaßnahmen für die Maschine Körper) bezahlt werden. Anteilnahme und Zuneigung sind nicht nur anstrengend, sondern auch zeitraubend und in der Gebührenordnung für Ärzte nicht enthalten. Darüber hinaus ist die Annahme durchaus berechtigt, dass man Anteilnahme und Zuneigung nicht kaufen kann.

Manche Formen des schamanischen Heilens sind außerordentlich beschwerlich für den Heiler, zum Teil auch gesundheitlich bedenklich und in jedem Fall zeitraubend.

Das liegt in der Natur der Sache, hat aber die durchaus wichtige Nebenwirkung, dass sich in den unternommenen Anstrengungen für die Heilung des Erkrankten sein Wert widerspiegelt und die Achtung, die ihm und seiner Unversehrtheit entgegengebracht wird. Deshalb ist es ja auch wichtig, dass bei einem großen Heilungsritual (bei den Indianern Nordamerikas) möglichst alle Angehörigen und Freunde des Erkrankten zusammenkommen, um gemeinsam mit dem Schamanen der Heilung den Weg zu ebnen.

An diesen Heilungsritualen können wir erkennen, dass sich unsere Gesellschaft, die sich in eine Ansammlung mehr oder minder egozentrischer Einzelkämpfer aufgelöst hat, ein für das Heil-Sein bedenkliches Defizit aufweist: Viele „Dienstleistungen", die früher zum Aufgabenbereich der Großfamilie gehörten, vor allem eben die selbstverständliche gegenseitige Fürsorge, die Pflege und die Versorgung der Alten, Kinder und Kranken hat dem anonymen System der Kranken- und Pflegeversicherungen Platz gemacht. Wir weisen die persönliche Verantwortung für die uns nahe stehenden Menschen von uns und übertragen sie auf die Gesellschaft, repräsentiert durch die Versicherungen und ihre Sach-Dienstleister. Daraus entsteht ein Defizit, das sich hauptsächlich in zwischenmenschlicher Kälte niederschlägt – und die Heilung Suchenden leiden unter einem starken Mangel an Zuneigung und Anteilnahme, die nun – allerdings meist vergeblich – beim Arzt gesucht wird.

Damit es nicht zu Missverständnissen kommt: Dieses egozentrische Verhalten lässt sich nicht unbedingt als „Schuld" jedem Einzelnen anlasten. Die gesellschaftliche Entwicklung hat dazu geführt, dass wir alle unter den Sachzwängen des Arbeitslebens leiden und deshalb nicht vollständig frei in unseren Entscheidungen sind. Auf der anderen Seite teilen wir uns alle die Verantwortung für den Zustand unserer Gesellschaft – und selbst in ihr wäre die Großfamilie als arbeitsteiliger „Clan" durchaus realisierbar, wenn wir uns nicht kollektiv dafür entschieden hätten, uns statt der menschlichen Werte eher den Fortschritt und den Wohlstand auf unsere Fahnen zu schreiben.

Allerdings sind die Dinge wie sie sind und es hat keinen Zweck, die Umstände zu bejammern. Stattdessen sollten wir überlegen, was getan werden kann. Wir können uns zum Beispiel daran erinnern, dass die Arbeiter des geistigen und des seelischen Heilens, die Schamanen, Hexen, Priester, Geistheiler und wie sie alle heißen, auf der Grundlage von Anteilnahme und Zuneigung handeln.

Damit kommen wir noch einmal zum Thema des Urvertrauens zurück. Wer nicht nur glaubt, sondern sicher weiß, dass die Welt trotz aller ihrer Tücken und Widrigkeiten letzten Endes wohl geordnet ist und das Potential der Vervollkommnung in sich trägt (für dessen Realisierung die Gemeinschaft aller Lebewesen verantwortlich ist), der trägt auch die Sicherheit in sich, dass Lebendigkeit und Heil-Sein die höchsten Güter eines jeden Lebewesens sind: So wird er sie ebenso achten und respektieren wie sich selbst.

Jede Erkrankung bringt es mit sich, dass der Erkrankte einen Verlust erleidet, einen Verlust an Vertrauen in sich selbst, in die Ordnung der Welt, in die grundlegende Verbindung mit dem Großen Muster, in die tatsächliche Existenz von Sinn und Bedeutung in der Welt und im eigenen Leben – und so weiter. Daraus wiederum entstehen eine Schwächung der Selbstheilungsfähigkeit und ein Defizit in den Kräften von Lust und Liebe:

Die Kraft der Lust: Lebensfreude und Lebendigkeit

Die Kraft Lust besteht im schamanischen Verständnis ja aus mehr als nur dem Sexualtrieb, wie die Psychologen und Psychoanalytiker ihn kennen. Er umfasst alles, was im weitesten Sinne mit Spaß und Spiel, mit Vergnügen und Lebensfreude zu tun hat. Wer morgens aufwacht, aus dem Bett steigt, sich ans Fenster stellt, in die Welt hinausschaut, tief Luft holt, sich reckt und streckt, den überfällt manchmal dieses nicht in Worte zu fassende Gefühl der Lebendigkeit, der Freude an der eigenen Existenz und der in diesem Augenblick zweifellos vorhandenen Schönheit oder vielleicht sogar Vollkommenheit der Welt. Das sind ein perfekter Moment und eine Empfindung der Lustkraft in ihrer Ganzheit. Solche Augenblicke entstehen natürlich auch in anderen Lebenssituationen und Lebensäußerungen und ich denke, nahezu jeder von uns kennt sie und hat sie schon erlebt. Zumindest sind sie ein Zeichen für Heil-Sein und ihre ständige oder zeitweilige Abwesenheit deuten darauf hin, dass wir uns nicht in diesem Zustand des Heil-Seins befinden.

Die in diesen Empfindungen steckenden Gefühle von Lust, diese Art der Lebensfreude an sich ist in unserer Existenz eigentlich immer vorhanden, auch wenn wir sie hier und heute oft genug durch Konsumverhalten und verwandte Strickmuster überdecken. Im Zustand der Krankheit allerdings schwächen sie sich verständlicherweise ab – und wenn sie vollständig überdeckt werden oder verschwinden, verlieren wir unseren Lebensmut und damit die Fähigkeit zur Gesundung. Deshalb gehört es nicht nur zur Krankenpflege, sondern es ist ein wesentlicher Teil der Heilung, dem Erkrankten die Kraft der Lust so weit wie möglich zu erhalten oder wiederzugeben. So seltsam es auch klingen mag: Aber Schönheit und Zuversicht sind die wichtigsten Ingredienzien dieser Aufgabe. In der griechischen Heilkunst, aber auch bei anderen Völkern war dies wohlbekannt. Durch Kunst in Form von Architektur, Skulptur, Gemälden, Gesang und Tanz wurde die Heilung gefördert, ebenso wie durch ein besonderes Ambiente, also Schönheiten der Natur. Unsere Versuche, die Räume in Krankenhäusern durch spinatgrüne Anstriche freundlicher zu gestalten, muten da schon eher unbeholfen an.

Die Kraft der Liebe: Zuneigung und Anteilnahme

Das andere wesentliche Element ist hier die Kraft der Liebe. Zuneigung oder Liebe der hier gemeinten Art ist nicht persönlich, nicht die Liebe eines Paares oder die Liebe zwischen Mutter und Kind. Sie entsteht vielmehr aus der Liebe zur Welt und damit der Liebe zu allen Lebewesen, die sich in Achtung und Respekt vor allem Lebendigen, aber auch in der direkten Zuwendung zu einem Lebewesen in Not äußert. Wenn ich sehe, wie nach einem Unfall ein Pulk von Leuten herumsteht und neugierig gafft, statt auch nur einen Finger zur Hilfe zu rühren, oder wenn ich beobachte, wie achtlos und letztlich oftmals menschenverachtend das zweifellos überlastete, unterbezahlte und selbst schlecht behandelte Pflegepersonal in Krankenhäusern und Altersheimen mit den Menschen umgeht, dann frage ich mich schon, wie viel von dieser Liebe zur Welt und den Menschen in unserer Gesellschaft verloren gegangen ist.

Das Fatale an der Sache: Zuneigung und Liebe können nicht selektiv sein. In diesem Verständnis ist Liebe ein Grundgefühl, dass entweder alles umfasst – oder nichts. Natürlich kann ich gut für mich selbst sorgen und egozentrisch andere darüber vergessen. Aber ich kann nicht zugleich mich lieben und andere nicht. Ich kann nicht wirklich mein Leben für wichtig erachten und das anderer Wesen nicht. Wenn ich mich voll stopfe, während andere Hunger leiden, dann werde ich zwar satt, aber nicht zufrieden. – Und das gilt nicht nur für einzelne Menschen, sondern auch für Gesellschaften als ganzes.

Die schönen und die wichtigen Dinge im Leben

Es liegt mir fern, daraus eine Moralpredigt zu machen. Ich weise lediglich darauf hin, dass bestimmte Verhaltensweisen bestimmte Folgen nach sich ziehen. Zunehmend mehr Menschen in unserer Gesellschaft befinden sich auf der Sinnsuche, beklagen die Kälte und Leere der Welt. Aber wie kann ich Sinn und Bedeutung, Geborgenheit, Zuwendung, Respekt und Achtung in der Welt finden, wenn sie nicht gleichzeitig für mich die höchsten Werte sind? Unser Thema ist hier nicht eine Gesellschaftskritik, sondern Heilung – und dennoch müssen wir uns mit diesen Dingen beschäftigen, denn auch das gehört zum Heil-Sein oder Heil-Werden:

Ein Leben im Gleichgewicht der Kräfte ist die Basis von Gesundheit. Es gibt die schönen Dinge im Leben und die wichtigen. Eine schöne große Wohnung, ein tolles Auto, Reisen in ferne Länder, schicke Klamotten und vieles mehr gehören zweifellos zu den schönen Dinge im Leben, und Menschen streben nun einmal durch ihre Natur danach, Dinge, die sie für schön halten, zu begehren und besitzen zu wollen. Dagegen ist ja auch gar nichts einzuwenden. Wenn wir allerdings damit anfangen, diese schönen Dinge mit den wichtigen zu verwechseln, geraten wir in ein zunehmendes Ungleichgewicht, das unser Heil-Sein vermindert und im Fall einer Krankheit die Genesung erschwert.

Was sind denn nun die wichtigen Dinge im Leben? Zu den wichtigen Dingen im Leben gehört zweifellos das, was in unserem Sozialsystem heutzutage „Grundsicherung" genannt wird, ein Dach über dem Kopf, eine warme Behausung, Kleidung, Essen und Trinken. Dazu gehört ebenfalls innere Zufriedenheit, Zuneigung zu anderen Menschen und von anderen Menschen, Sinn und Bedeutung des Lebens und Handelns, Spaß und Freude an der Lebendigkeit an sich.

Von dem Einen hat die Mehrzahl der Menschen in unserer Gesellschaft gewöhnlich reichlich, von dem Anderen eher zuwenig. Das macht krank und anfällig für Krankheiten. Heil-Sein und Heil-Werden sind unter diesen Umständen keine selbstverständlichen Forderungen an die Welt, sondern eigenverantwortliche Prozesse, für die wir selbst zuständig sind, jeder Einzelne für sich.

Daraus lernen wir: Einen anderen Menschen zu lieben, nicht in der persönlichen Form der Paar- oder Elternliebe, sondern in der Form der allgemeinen und grundlegenden Liebe zu den Menschen als Lebewesen, in ihnen die Lebendigkeit und die Lebensfreude zu empfinden so wie in sich selbst, verbindet jeden, den Gebenden ebenso wie den Nehmenden miteinander und mit dem Großen Muster des Lebens. Und nur aus dieser Verbundenheit, aus dieser Einbindung in die Gemeinschaft des Lebendigen, kann wirkliche Heilung entstehen. Der Impuls des Haben-Wollens, der Wunsch, diese Liebe in eine persönliche umzuwandeln, eine, die nur exklusiv mir selbst gehört, ist in diesem Fall, was die Kraft der Heilung betrifft, übrigens destruktiv, denn sie trennt die Verbindung zur Lebendigkeit, zur Welt wieder auf und wandelt sie in ein Getrennt-Sein um.

Um Missverständnissen vorzubeugen, möchte ich nachdrücklich betonen, dass Anteilnahme und Zuneigung zur Heilung gewöhnlich nicht ausreichen. Aktive, praktische Hilfen auf körperlichem, magischem oder seelischem Gebiet sind meist erforderlich. Aber ohne diese Grundlage von Anteilnahme und Zuneigung ist das aktive, handwerkliche Heilen entweder zum Scheitern verurteilt oder zumindest weniger erfolgreich.

Ist es nicht eigentlich ganz einfach? Wenn es mir schlecht geht, wenn ich nicht heil bin, was brauche ich dann – neben der eventuell erforderlichen akuten Notfall-Hilfe am dringendsten? Ich brauche kein Mitleiden, niemanden, der mit mir gegebenenfalls in Verzweiflung fällt, sondern Zuwendung, Anteilnahme und vielleicht die schon durch die bloße Anwesenheit eines anderen Menschen gegebene Zuversicht, dass die Dinge auch anders sein können und sich wieder zum Besseren wenden werden.

Das allerdings werden wir in unserem Gesundheitssystem, das ja eigentlich eher ein Krankheitssystem ist, weitgehend vergeblich suchen. Natürlich gibt es sie, die Anteil nehmenden Ärzte, die liebevollen und fürsorglichen Krankenschwestern und Pfleger, aber sie sind schon allein deshalb dünn gesät, weil sie von diesem System nicht gestützt, sondern behindert und unterdrückt werden.

Wie wäre es, da unsere Gesellschaft nun einmal so ist, wie sie ist, mit einer Zusatzversicherung für Anteilnahme und Zuneigung? Es gibt Menschen, die diese Eigenschaften als Heilerqualitäten in sich tragen, und warum sollten wir sie nicht für die mit uns verbrachte Zeit bezahlen, damit wir in schwierigen, kranken Zeiten nicht allein gelassen werden? Abgesehen von der daraus entstehenden interessanten Frage, wie sich die Qualifikationen solcher Menschen messen ließen, meine ich das nicht wirklich ernst, aber es leitet zu einem anderen wichtigen Problem über.

Ich habe ja bereits erwähnt, dass unsere gesellschaftlichen Strukturen, die Auflösung der Familienverbände und die Anforderungen des Arbeitslebens manche Dinge unmöglich oder schwer machen, die früher einmal selbstverständlich waren.

Ebenso habe ich darauf hingewiesen, dass man Zuwendung und Zuneigung nicht kaufen kann. Da wir beides heutzutage aber eher selten im Familienverband finden, erwarten wir von unserem Heiler einen Ersatz.

Allgemeine und persönliche Liebe

Allerdings gilt auch: Die allgemeine Liebe oder Zuneigung zu den Menschen und die Anteilnahme an ihrem Schicksal sind wichtige Voraussetzungen des Heilens. Dennoch sind Mitleid und persönliche Liebe eher kontraproduktiv. Das hat damit zu tun, dass ein Mensch, der mit leidet, weil er den anderen als Person nicht allgemein, sondern konkret liebt, selbst nicht heil ist, denn Mitleid ist auch Leid, das von meiner Zuversicht, meiner Lebensfreude, meinem Gefühl der Einbindung in die Welt Kraft abzieht. Und diese Minderung der Lebendigkeit fällt natürlich als Rückkopplung wieder auf den Kranken zurück. Es dürfte offensichtlich sein, dass innerhalb eines Familienverbandes Mitleid eher eine wesentliche Rolle spielt als in dem Verhältnis zwischen Heiler und Patient, denn Mitleid entsteht aus der persönlichen Liebe, während Anteilnahme und Mitgefühl eher aus der allgemeinen Liebe entsteht. Mitleid ist kontraproduktiv für die Heilung. Deshalb brauchen nahe Angehörige oft ebenso Heilung wie der Erkrankte selbst. So kann eine intakte Familie auch auf dieser Ebene den Heiler nicht ersetzen, aber eben durchaus ergänzen!

Die Selbstverständlichkeit der Kräfte und das Staunen über die Welt

Das magische und das göttliche Heilen ist die Begegnung mit den Anderswelt-Kräften, dem Numinosen, dem Spirituellen, dem Göttlichen in der Welt. Wir zivilisierten Mitteleuropäer neigen dazu, diesen Dingen einen ganz besonderen Stellenwert beizulegen, weil wir meist das Gefühl haben, sie seien von unserem Alltagsleben und unserer Gesellschaft abgehoben – eben etwas ganz Besonderes.

Schon eine flüchtige Bekanntschaft mit anderen Kulturen sollte uns lehren, dass der Umgang mit den Göttern und mit dem Magischen in der Welt eigentlich das Gewöhnliche, das völlig Normale und Alltägliche sein sollte. (Dabei hat das nichts mit einem Mangel an Respekt und Achtung diesen Dingen gegenüber zu tun, sondern nur mit ihrer Einbindung in alle unsere Lebensäußerungen.)

Auf der einen Seite zeigt uns diese Einstellung, dass unser Verhältnis zu den Göttern und zum Magischen in der Welt gestört ist, solange es nicht selbstverständlicher Bestandteil unseres Lebens ist. Auf der anderen Seite müssen wir daraus lernen, dass wir wahrscheinlich nicht richtig mit den magischen und göttlichen Formen des Heilens umgehen können und auch nicht das Maximum an Wirkung aus ihnen ziehen können, solange wir nicht ein ganz „normales" Verhältnis zu ihnen haben.

Erst wenn wir lernen, dass die Arbeit der Hexen, Schamanen und Priester schlicht Dienstleistungen auf dem Gebiet des Magischen und des Göttlichen sind, leben wir in einer eigentlich „normalen" Welt, in der alles seinen angemessenen Platz findet.

Das ist die eine Seite des Problems. Die andere besteht darin, dass Anteilnahme und Zuneigung Zeit kosten. Wenn wir uns einem anderen Menschen zuwenden, ihm zuhören, ihn verstehen und vielleicht auch Rat geben wollen, dann müssen wir uns die Zeit dafür nehmen. Da aber nun einmal die meisten Menschen in unserer Gesellschaft einen wesentlichen Teil ihrer wachen Lebenszeit damit verbringen müssen, ihren Lebensunterhalt zu verdienen, entsteht die vielleicht paradoxe, vielleicht aber auch völlig normale Situation, dass die für Zuneigung und Anteilnahme aufgewendete Zeit zu einer Ware wird, die bezahlt werden muss.

Ich höre immer wieder, dass vor allem spirituell orientierte Menschen es als selbstverständlich erwarten, dass diese Formen des Heilens gratis und franko gegeben werden – nur aus dem Grund, weil sie eben „spirituell" sind. Aus den beiden Gründen, die ich hier aufgeführt habe, sollte aber deutlich werden, dass das nicht so sein kann und nicht einmal so sein sollte. Jeder mongolische Schamane hat die Preisliste für seine heilerischen Dienstleistungen neben der Tür hängen. Machtvolle Ritualgegenstände gehören nicht nur bei den Indianern Nordamerikas und den Mönchen Tibets zur Handelsware mit klar benennbaren Preisen.

Vielleicht lässt sich dieses Problem ja einfach durch einen wichtigen Lernprozess entschärfen: Wenn sich ein Mensch heilend um uns kümmert, dann bezahlen wir ihn nicht für die erbrachte Leistung (also das Heilen, für das es ohnedies keine Erfolgsgarantie gibt), sondern für seine Qualifikation, Kompetenz und die aufgewendete Zeit. Das wäre normal.

Etwas für normal zu halten, heißt aber nicht, das Staunen darüber zu verlernen. Ein Auto ist selbstverständlich. Es gibt so viele davon und sie tun alle hauptsächlich eines, nämlich fahren. Trotzdem komme ich mir manchmal ein bisschen kindisch vor, weil fast jedes Mal, wenn ich in meinem Auto sitze und losfahre, mich das Staunen darüber befällt, mit welcher Einfachheit und Selbstverständlichkeit dieses komplexe technische Wunderwerk mich von A nach B bringt. (Na ja, meistens jedenfalls und gerade mal wieder nicht!)

Ebenso ist es auf der einen Seite für mich eine Selbstverständlichkeit, dass die Götter in der Welt sind und dass die Kräfte des Magischen in ihr wirken, und doch staune ich jederzeit und immer wieder neu darüber, wie dieses unendlich komplexe Netz der Lebendigkeit ineinander greift und die Schönheiten und allerdings auch Schrecklichkeiten der Welt schafft.

Das ist die Selbstverständlichkeit, die ich meine, die Selbstverständlichkeit, mit der ich Heil-Sein erwarte, die mir aber auch gleichzeitig das Staunen darüber schenkt, dass Heil-Werden tatsächlich möglich ist.

Dieses Zusammenspiel zwischen Selbstverständlichkeit oder Normalität auf der einen und Staunen auf der anderen Seite ist außerordentlich wichtig. Ich kann Anteilnahme und Zuneigung nicht geben, wenn ich sie als Handelsware betrachte und sie nur gebe, um Gleiches zurück zu bekommen. Sie sind in mir enthalten und fließen selbstverständlich nach außen, weil sie zu den elementaren Lebensäußerungen gehören (sollten). Und trotzdem darf und kann ich darüber staunen und mich freuen, dass so viel Anteilnahme und Zuneigung in der Welt ist, dass ich mich darin aufgehoben fühle. So sollte es jedenfalls sein. Ebenso ist es eine Selbstverständlichkeit, dass die Kräfte des Magischen und des Göttlichen in der Welt fließen und Heilung bewirken können, während ich zugleich darüber staune, dass sie, ausgelöst durch Anteilnahme und Zuneigung anderer Menschen, zu mir bewegt und aktiviert werden, wenn ich sie brauche. Das ist zugleich normal und bemerkenswert, zugleich Selbstverständlichkeit und Dienstleistung.

Kapitel 12

Von Sinn und Bedeutung der Krankheit

Der Krankheitsgewinn

Jede Krankheit hat an irgendeiner Stelle, als Ursache, Folge oder Begleiterscheinung mit einem Verlust an Liebe und Lust zu tun, mit einem Mangel an Selbstachtung, an Zuneigung und Zuwendung. Vor allem bei chronischen Erkrankungen, die über lange Zeit oder perspektivisch betrachtet vielleicht sogar für den Rest des Lebens das Heil-Sein beeinträchtigen, entsteht oft, meist völlig unbewusst, die Strategie, durch das eigene Leiden Mitleid zu bekommen und dieses dann als Faustpfand einzusetzen und sozusagen gegen Liebe, Zuneigung, Mitgefühl oder Anteilnahme einzulösen. Das nimmt häufig sehr handfeste Formen an. Die Strategien des Krankheitsgewinns dienen oft dazu, Zuneigung und Anteilnahme in Form von Versorgung, kleineren oder auch größeren Dienstleistungen, Zuhören, Besorgungen und so weiter gewissermaßen durch die Krankheit selbst zu erkaufen.

Selbstverständlich führt eine Erkrankung je nach Symptomatik und Schwere zu einer Einschränkung der Leistungsfähigkeit. Der Erkrankte ist darauf angewiesen, sich versorgen zu lassen, weil er selbst nicht dazu in der Lage ist. Das hat nichts mit Krankheitsgewinn zu tun, und es wäre gewiss falsch verstandener Heroismus, wenn man, um Niemandem zur Last zu fallen, die Grenzen seiner eingeschränkten Leistungsfähigkeit überschreitet. Das behindert lediglich den Prozess der Genesung.

Beim Krankheitsgewinn geht es vielmehr um etwas Anderes, das manchmal nur schwer auszumachen ist. Demonstratives, nach außen gewendetes Leiden, damit nur ja niemand übersieht, wie schlecht es mir geht, eine unterschwellige „Weinerlichkeit", die selbstverständliche Erwartung von Dienstleistungen, die möglicherweise gerade noch in der eigenen Reichweite liegen und ähnliche Verhaltensweisen sind Symptome des Krankheitsgewinns. Ich verwende das Wort Symptome hier bewusst, denn die Strategie des Krankheitsgewinns ist selbst eine Erkrankung, die allerdings nur als Folge anderer Krankheiten auftritt.

Oft sorgt diese Strategie dafür, dass Heilung nicht erfolgt. Es scheint so, als fiele es manchen Menschen viel leichter auf diesem Weg Anerkennung, Anteilnahme und Zuneigung zu erlangen, als durch ihr Wesen und ihre Handlungen. Eigentlich ist es offensichtlich: Der Krankheitsgewinn ermöglicht es mir, Dinge einzufordern, die ich aufgrund meiner Krankheit nicht ebenfalls geben oder zurückgeben muss. Ich halte diese Sekundärerkrankung für außerordentlich gefährlich. Wenn ich auch mit meinem Bewusstsein, mit meinem Willen wieder gesund werden will, so hat sich mein Ego doch damit arrangiert, dass die Krankheit einen scheinbaren Gewinn bietet, weil die Strategie einfacher ist oder einfacher scheint als andere Formen des zwischenmenschlichen Zusammenlebens. Wenn dieser Zustand erst einmal erreicht ist, wird eine Heilung nicht mehr stattfinden, es sei denn, die Sekundärerkrankung würde zuerst behandelt und geheilt.

Außerdem hat die Strategie des Krankheitsgewinns noch andere schwerwiegende Folgen: Wenn Anteilnahme und Zuneigung eingehandelt werden, dann reflektieren sie nicht meine Wertschätzung als Person, sondern entstehen aus Mitleid. Das bei Menschen, die diese Strategie verwenden ohnedies gewöhnlich schon angeknackste oder schlecht ausgeprägte Selbstwertgefühl leidet darunter noch mehr – und so wird eine nur nach unten gerichtete Spirale in Gang gesetzt. Das zeigt uns übrigens noch eine andere wichtige Komponente der Heilung:

Unser bewusster, nach außen gerichteter Wille hat kaum Einfluss auf die Heilungsaussichten, unser Selbstwertgefühl, das letzten Endes unsere Übereinstimmung mit uns selbst spiegelt und deshalb auch direkt mit unserem Urvertrauen zu tun hat, trägt zur Heilung bei. Die Stimmung „Keiner liebt mich, ich bin nichts wert, ich werde nicht gebraucht." führt definitiv nicht zu einer Verbesserung der Heilungsaussichten – und genau diese negativen Selbstwerte werden durch die Strategie des Krankheitsgewinns noch verstärkt.

Es gab einmal eine Untersuchung über die Heilungsaussichten von Krebskranken, die das (vorläufige) Ergebnis nahe legte, dass diejenigen bessere Chancen hatten, wieder gesund zu werden, die eine realistische Lebenseinstellung hatten, die mit beiden Beinen beruflich und familiär fest im Leben standen und die wussten, dass sie Aufgaben zu erfüllen hatten und gebraucht wurden. (der Spiegel, „Wundersames Nichts", 7.11.1994, S. 214)

> Halten wir also fest: Das bereits in der Einleitung erwähnte Leiden am Leiden, die Strategie des Krankheitsgewinns, Rückzug aus der Alltäglichkeit des Lebendig Seins und mangelndes Selbstwertgefühl tragen dazu bei, die Heilungsaussicht zu verschlechtern.

Leider hängen diese Verhaltens- oder Lebensmuster zusammen und treten gewöhnlich gemeinsam auf. Das macht es schwierig, sie an irgendeiner Stelle anzugreifen und aufzulösen. In diesen Fällen ist eine medizinische Versorgung der primären Erkrankung im Sinne eines Reparaturversuchs zwar wichtig, eine Heilung für Geist und Seele muss jedoch in jedem Fall erst an diesen Punkten ansetzen und sie auflösen, weil eine Heilung sonst entweder gar nicht möglich ist oder nur von kurzer Dauer sein würde. Oft löst sich die primäre Erkrankung sogar wie von selbst auf, wenn die oben genannten Fehlfunktionen von Geist und Seele erfolgreich gebessert werden konnten.

> Wieder möchte ich ausdrücklich betonen, dass die Hoffnung auf diese Form der magischen oder göttlichen Heilung kein Grund ist, auf die materielle, medizinische Therapie zu verzichten. Es sollte nun wirklich deutlich geworden sein, dass die Arbeit mit allen drei Ebenen mehr Erfolg verspricht als eine nur punktuelle Herangehensweise! Die Unzufriedenheit vieler Menschen mit der medizinischen Betreuung entsteht ja meist daraus, dass die Ebenen von Geist und Seele vernachlässigt werden. Das erlaubt aber nicht den Umkehrschluss, dass die materielle Ebe-

ne vernachlässigt werden darf, wenn auf den beiden anderen Ebenen Heilungsarbeit geleistet wird.

Die biografische Bedeutung der Krankheit

Mit der Strategie des Krankheitsgewinns wird die Erkrankung (meist unbewusst) benutzt, um im zwischenmenschlichen Bereich Vorteile einzuhandeln oder Anteilnahme und Zuneigung „einzukaufen". Damit gewinnt die Krankheit eine Bedeutung für den Erkrankten, die letzten Endes dazu führen kann, dass er sie nicht mehr loslässt.

Das hat aber nichts damit zu, dass jeder Krankheit ein bestimmter Lebenssinn oder eine biografische Bedeutung zugerechnet wird. Es heißt, dass die Krankheit „uns etwas sagen will", dass „wir etwas aus ihr lernen" sollen. Dahinter steckt die Theorie, dass eine Krankheit unmittelbar aus unseren inneren und äußeren „Strickmustern" entsteht, also aus unserer geistigen und spirituellen Entwicklung und aus unserem Leben in einer Gemeinschaft (Partnerschaft, Familie, ...). Das ist sicher richtig, allerdings sollte man nie vergessen, dass es nicht nur Bestimmung in der Welt gibt, sondern auch Zufall. Aber selbst wenn uns Ereignisse wie Krankheiten zufällig widerfahren, müssen sie nicht sinnlos sein: Der Sinn entsteht daraus, dass wir etwas aus den Ereignissen und ihren Folgen lernen, dass wir an ihnen wachsen und uns entwickeln. Wenn das gelingt, sind auch Ereignisse für uns sinn- und bedeutungsvoll, die uns als „blindes Schicksal" getroffen haben.

Diese Theorie der Krankheitsbedeutung enthält verschiedene Aspekte, die ich hier genauer betrachten möchte.

Es heißt, dass die Art der Erkrankung eindeutig auf geistige oder seelische Defizite oder Probleme hinweist. Die Niere wird zum Beispiel als Partnerschaftsorgan bezeichnet. Wer eine Nierenerkrankung hat, wird nach dieser Anschauung also darauf hingewiesen, dass es in seinem Leben Partnerschaftsprobleme gibt, die aufgelöst werden müssen, um eine dauerhafte und vollständige Heilung möglich zu machen. Neurodermitis und andere Hauterkrankungen zeigen in diesem Verständnis Probleme im Umgang mit anderen Menschen an, Abgrenzungsschwierigkeiten, Kontaktschwäche und Ähnliches.

Nun ist es aber ziemlich sicher so, dass nicht jeder Mensch mit Abgrenzungsschwierigkeiten Neurodermitis und jeder mit Partnerschaftsproblemen Kämpfende Nierenerkrankungen bekommt. Umgekehrt zeigt die Lebenserfahrung, dass krankhafte Hautveränderungen nicht immer mit Abgrenzungsproblemen einhergehen. Und wie ist es mit erblich bedingten Erkrankungen? Wenn ein Baby mit Nierenerkrankungen zur Welt kommt (gerade habe ich ein fünfjähriges Mädchen kennen gelernt, das mit nur einer Niere und dementsprechenden Problemen zur Welt kam), hat es dann Partnerschaftsprobleme?

Natürlich kann man jetzt hingehen und das Konzept der früheren Leben und des Karmas ins Spiel bringen, um die Theorie zu halten. Das würde allerdings keine Probleme lösen, dafür aber jede Menge neuer Probleme schaffen.

Ich denke, dass es schon eine Relation der krankhaften Veränderungen gibt, eine gegenseitige Spiegelung körperlicher, geistiger und seelischer Zustände und Zustandsveränderungen. Allerdings schweben wir ja nicht im luftleeren Raum, sondern sind in das Geflecht der Welt um uns herum eingebunden und vielfältigen Einflüssen ausgesetzt, die außerhalb unserer Kontrolle liegen. Deshalb kann hier auch bestenfalls von Wahrscheinlichkeiten die Rede sein, keinesfalls aber von Gewissheiten. So mag es also durchaus sein, dass Nierensteine auf Beziehungsprobleme hinweisen. Sie können allerdings auch eine genetisch bedingte Schwachstelle meines Körpers oder schlicht falsche Ernährung anzeigen.

Eines allerdings dürfte sicher sein: Eine geistige oder seelische Erkrankung oder ein starkes Ungleichgewicht auf diesen Ebenen wird sich über kurz oder lang seinen Weg in den Körper bahnen und zu einer organischen Erkrankung oder Fehlfunktion führen. Allerdings wird sich diese dann an einer Schwachstelle festmachen, an Körperfunktionen oder Organen, die genetisch, durch Alter, Lebenswandel oder Umwelteinflüsse vorgeschädigt oder geschwächt sind. In diesen Fällen lohnt es sich gewiss, dem Zusammenhang im Sinne von Niere-Partnerschaft nachzuspüren. Wer allerdings davon ausgeht, dass dieser Zusammenhang zwangsläufig existiert, kann durchaus in die Irre geführt werden.

Noch anders verhält es sich, wenn die Erkrankung durch äußere, materielle Einflüsse entstanden ist. Ich will hier nicht von den Unfällen schreiben, die Organe beschädigen können, sondern zum Beispiel von Umwelteinflüssen: Wer wissentlich oder unwissentlich, bedingt durch seinen Beruf, durch seinen Wohnort oder andere Umstände über einen längeren Zeitraum Umweltgiften ausgesetzt ist, wird irgendwann unter Erkrankungen leiden, deren Art von den Umweltgiften abhängt. Also kann ich mir eine Nierenerkrankung zuziehen, die auf äußere Umstände zurückgeführt werden kann, nicht aber auf innere Probleme geistiger oder seelischer Art. Um es deutlich zu sagen: Der Zusammenhang zwischen der Art meiner Umwelt und ganz spezifischen Krankheitsformen ist ursächlich bedingt und lässt keinen Spielraum: Ein bestimmtes Umweltgift wird meine Nieren schädigen und nicht meine Leber oder mein Herz, einfach weil es eine konkrete biochemische Reaktion gibt. Darin hat der geistige oder seelische Zustand keinen „Handlungsspielraum".

Ich halte es für an den Haaren herbeigezogen und schlicht unglaubhaft, wenn an dieser Stelle damit argumentiert wird, dass wir uns irgendwie unbewusst den Wohnort, die anliegende Industrie, den Beruf mit seinen Umweltgiften zugezogen haben, damit die Welt dieses Exempel an uns statuieren kann. Das hieße nämlich, dass die Gesamtheit der Welt, ja sogar des Universums auf mich und nur auf mich bezogen ist und dass die gesamte Geschichte der Menschheit, die auf diesen einen Augenblick meines Lebensumfelds gerichtet ist, nur existiert, damit ich aus meiner Krankheit etwas lerne.

Es gibt erstaunlich viele Menschen, die tatsächlich solche Standpunkte vertreten. Dagegen ist ja auch nichts einzuwenden, denn ein Modell der Welt kann ja nur daran gemessen werden, wie gut es mir das Überleben ermöglicht, nicht an „wahr" oder „falsch". Ich habe allerdings beobachtet, dass diese Leute oft nicht gerade zu den Gesündesten und Glücklichen gehören, denn sie suchen manchmal ziemlich verzweifelt nach dem Grund, warum die Welt ihnen genau das antut, statt sich damit abzufinden, dass die Dinge nun einmal so sind, wie sie sind und dass unsere Aufgabe darin besteht, das Beste daraus zu machen.

Nochmals: Ich halte die Theorie von der biografischen Bedeutung der Krankheit nicht für Unfug! Allerdings sollte – wie in allen Dingen – Maß und Ziel bewahrt bleiben. Manchmal wird diese biografische Bedeutung vorhanden sein, manchmal nicht. Deshalb muss jeder individuelle Fall genau angeschaut werden. Menschen sind nun einmal verschieden und jeder Mensch lebt in seinem nur ihm eigenen Umfeld. Deshalb ist eine Pauschalisierung nicht möglich.

Es entspricht der Natur der Dinge, dass auf der Ebene des Materiellen, also in der Medizin, Standardisierungen möglich sind, denn die Wissenschaft richtet sich nun einmal auf das, was von allem anderen isoliert betrachtet werden kann, auf das, was sich verallgemeinern lässt, weil es immer den Naturgesetzlichkeiten unterliegt und auf das, was in den Statistiken als Mittelwert auftaucht. Magisches und göttliches Heilen betrachtet stattdessen den einzelnen, einmaligen Fall – und jeder Fall ist einmalig! Deshalb auch gehören Zuneigung und Anteilnahme zu diesen Formen des Heilens, denn auf ihnen beruht das Verständnis für den anderen Menschen und die Einsicht in die Zusammenhänge.

Die Sinnschöpfung

Diese Überlegungen haben nichts mit einem anderen wichtigen Punkt zu tun: Aus Allem, was uns im Leben widerfährt, können wir etwas lernen, unabhängig davon, ob es uns von Gott, den Göttern, einer anonymen Instanz der Welt, dem Zufall oder dem blinden Schicksal zugedacht war oder nicht.

Zunächst einmal spielt es gar keine Rolle, was hinter einem Ereignis steckt oder nicht. Wir haben immer die Wahl, es einfach zu erleiden und uns über die Ungerechtigkeit der Welt oder das Walten des Schicksals zu beklagen – oder wir nehmen es hin, wie es geschieht und schauen, was wir daraus machen können. Ich habe bereits mehrfach darauf hingewiesen, dass die Schöpfung der Welt nicht zu Ende ist, sondern ständig, jetzt in diesem Augenblick und auch zukünftig geschieht – und wir Menschen sind ebenso an dieser Schöpfung beteiligt wie alle anderen Lebewesen auch. Wir erschaffen sehr vieles mit unserem Geist und unserer Seele und verändern die Welt auch durch unsere (körperlichen) Handlungen. Wir tragen Sinn und Bedeutung in die Welt hinein, die in unserer Wahrnehmung entstehen oder aktiv erzeugt werden.

Das möchte ich an einem einfachen Beispiel verdeutlichen: Wenn wir die kahlen Äste eines Baumes betrachten und in ihnen Muster, Buchstaben oder vielleicht sogar Botschaften in geheimnisvollen Schriften entdecken, wenn wir in die Wolken schauen und Drachen oder Hunde sehen, dann erzeugen wir Bedeutungen – auf einem sehr niedrigen Niveau der Bedeutsamkeit zwar, aber es geschieht. Wenn irgendetwas geschieht, wir uns mit diesem Geschehen beschäftigen und etwas in ihm sehen, dann erzeugen wir eine Bedeutung. Wenn wir auf einer Bananenschale ausrutschen, dann lernen wir vielleicht daraus, in Zukunft achtsamer zu sein. Das ist eine Bedeutung, die nicht in diesem Ereignis selbst liegt, sondern von uns selbst erzeugt wird. Genau so gut könnten wir auch ausgiebig fluchen und die Sache auf sich beruhen lassen. Dann entsteht eben keine Bedeutung.

Dieser Punkt ist ebenso schwierig wie wichtig. Es gibt ein Zen-Koan, das fragt: Was für ein Geräusch macht ein Baum im Wald, wenn er umfällt, und niemand ist da, um es zu hören? Die offensichtliche Antwort darauf lautet: Er macht gar kein Geräusch, denn das Geräusch entsteht in der Wahrnehmung des Hörers. Ohne Hörer gibt es lediglich wellenförmige Bewegungen der Luft. Ebenso kann man sagen: Es gibt keine Bedeutung in der Welt, wenn es nicht Wesen gibt, die sie wahrnehmen. In diesem Fall können wir sogar noch einen Schritt weitergehen und sagen, dass wir selbst an der Erschaffung von Sinn und Bedeutung aktiv beteiligt sind. So werden wir mehr oder weniger bewusst alles, was uns widerfährt, mit einer Bedeutung belegen. Auch die Erkrankungen, die uns widerfahren, können und sollten in jedem Fall Anlass für uns sein, eine vorhandene Bedeutung für uns entweder zu erkennen, oder sie selbst zu schaffen, indem wir einen positiven Nutzen aus der Angelegenheit ziehen.

Dieser Prozess kann sehr banal sein: Wenn ich mich erkältet habe, dann lerne ich daraus entweder, dass ich mit meinem Umgang mit dem Wetter leichtsinnig war und in Zukunft besser auf mich aufpassen muss, oder ich lerne, dass ich mich übernommen habe und deshalb anfällig für eine Erkrankung war, die mich sicher sonst gar nicht erwischt hätte. Ich darf dabei durchaus davon ausgehen, dass diese Erkältung mir nicht von einer höheren Instanz geschickt wurde, damit ich etwas aus ihr lerne. Vielmehr habe ich mich übernommen, bin im Bus zufällig mit Jemandem in Kontakt gekommen, der mir seine Erkältung weitergereicht hat, leide jetzt darunter und nutze die Gelegenheit, mein zukünftiges Verhalten zumindest im Planungsstadium zu optimieren.

Die meisten Leute sind gewöhnlich bereit, diese Deutung der Welt hinzunehmen, wenn es um „Kleinigkeiten" wie eine Erkältung geht. Wenn wir dann aber zu den schwereren Erkrankungen kommen, wird oft fieberhaft nach einem tieferen Grund gesucht, eben nach dem Wirken einer höheren Instanz. Wie ich zumindest für einen Teilaspekt des Problems im vorigen Abschnitt gezeigt habe, mag es einen tieferen Grund geben oder auch nicht. Das mag für unser Weltbild wichtig sein, in der Praxis kommt es eigentlich nur darauf an, dass wir etwas aus den Ereignissen machen, indem wir an ihnen wachsen und Lehren aus ihnen ziehen.

Somit schließt sich der Kreis: Wenn in den Erscheinungen der Welt eine Bedeutung liegen sollte, können wir sie herausfinden. Wenn das nicht der Fall ist, können wir ihnen eine Bedeutung geben und so unserer Lebensqualität ebenso wie der Welt im Allgemeinen an Sinnhaftigkeit hinzufügen.

Kapitel 13

Wie finde ich einen guten Heiler?

Wir haben nun schon sehr viel darüber erfahren, wie Heilung funktioniert und welche Bedingungen erfüllt sein müssen, damit Heilung geschehen kann. Dennoch ist es gar nicht so einfach, einen guten Heiler zu finden. Das hat unter anderem sehr viel damit zu tun, dass es mehrere Kompetenzgebiete gibt, die sich nicht alle „objektiv" beurteilen lassen.

Der Doktorgrad eines Mediziners gibt zum Beispiel objektiv darüber Auskunft, dass er die Prüfungskriterien einer bestimmten Universität erfüllt hat – nicht mehr und nicht weniger. Ein gewisses Lebensalter könnte dafür sprechen, dass er sehr viele praktische Erfahrungen gesammelt hat. Andererseits sollte man annehmen, dass ein junger Mediziner auf der Höhe des Wissens seiner Zeit ist. Viele Diplome für Zusatzausbildungen könnten anzeigen, dass jemand viele Kenntnisse ansammelt, um besser heilen zu können. Wer Heiler besser kennen lernt, bemerkt aber oft genug, dass die Anhäufung von Zusatzdiplomen auch ein Ausdruck von Unsicherheit sein kann – und so weiter und so fort.

Ein weiteres mögliches Auswahlkriterium ist die Empfehlung. Jemandem wurde gut geholfen und er schildert die Heilung oder die Behandlung in den glühendsten Farben. Vor allem bei Zahnärzten heißt es dann: „Er ist so behutsam, dass es überhaupt nicht weh tut!" Einerseits könnte das der Behandlungsstandard sein, andererseits gab es im konkreten Fall vielleicht auch gar keinen Anlass zum wehtun (wer kann das als Patient schon wirklich beurteilen?), vielleicht hatte der Zahnarzt auch nur einen guten Tag – oder er behandelt tatsächlich immer so.

Diese Liste ließe sich nahezu beliebig fortsetzen und zeigt, dass die Auswahl eines guten Heilers nicht ganz so einfach ist, zumal sie immer dadurch eingeschränkt wird, dass wir gar nicht alle Heiler kennen können und die wirklich guten vielleicht einfach verpassen. Dieser Satz enthält noch eine weitere ziemlich böse Falle: Von Menschen die in unserer Nähe sind, wissen wir gewöhnlich mehr als von solchen, die weit weg sind. Von diesen hören wir eher gerüchtweise – und Gerüchte sind oft genug aufgebauscht und maßlos übertrieben. Daraus entsteht dann der Heilungstourismus, je nach aktueller Mode nach den Philippinen, nach Südamerika, in indische Ashrams oder sonst wo hin. Es steht außer Frage, dass an solchen Orten tatsächlich Heilung geschieht. Aber: Treffen wir dort wirklich auf Wunderheiler? Ist es nicht eher so, dass wir nicht zuletzt aufgrund der großen Entfernung nur von den „Wundern" hören, nicht aber von den Fehlschlägen und den ganz durchschnittlichen Besserungen, die wir auch zu Hause hätten haben können?

Der Ort der Heilung

Von Lourdes als Ort der Wunderheilungen war schon die Rede. Natürlich gibt es noch viele andere Orte, zu denen die Menschen pilgern, um Heilung zu erbitten. Es steht außer Frage, dass manche Orte tatsächlich über eine besondere Kraft verfügen. Dabei spielt es zunächst einmal keine Rolle, woher diese Kraft kommt und welcher Art sie ist.

Psychologen würden vielleicht von einer Massenhysterie sprechen, von Autosuggestion oder was auch immer, unfreundlich würden sie vielleicht das Wort „Einbildung" fallen lassen. Man könnte auch von geomantischen Kräften reden, von der Manifestation göttlicher Präsenz oder von morphogenetischen Feldern.

Destruktiv, weil schlicht falsch, ist nur eine dieser Beschreibungen, nämlich die von der „Einbildung". Wir haben gesehen, dass magisches und göttliches Heilen auf der Ebene von Sinn und Bedeutung geschieht. Nun sind Sinn und Bedeutung nicht von sich aus in der Welt. Vielmehr entstehen sie aus dem Leben selbst, also aus der Summe aller Wesen in der Welt, aus ihren Gedanken, Empfindungen und Wahrnehmungen und damit aus ihren Werten und Handlungen. Ein Ort der Heilung, vor allem natürlich einer „Wunder"-Heilung, erhält eine Bedeutung und damit auch eine Kraft für andere. Je mehr Menschen dieser Kraft durch ihre Gedanken, Empfindungen, Wahrnehmungen, Werte und Handlungen durch Gleichklang hinzufügen, desto stärker werden die Bedeutung und damit die Kraft dieses Ortes.

Das genügt, um einen starken Ort der Heilung entstehen zu lassen, dessen Wirkung jenseits von „Einbildung" angesiedelt ist. Es lässt sich leicht vorstellen, dass diese Art der Kraft sich eher an einem Ort entfalten kann, der schon von sich aus „besonders" ist, sei es durch seine besondere Form und Art (geomantisch) oder durch die Manifestation des Göttlichen in der Welt.

Wie auch immer das im Einzelnen aussehen mag, Orte der Heilung haben eine besondere Kraft. Diese Kraft lässt sich aber auch gezielt erzeugen, wie wir aus der Geschichte der griechischen und römischen Heilkunst wissen.

Nun habe ich schon mehrfach darauf hingewiesen, dass es zwischen dem Heiler und dem Patienten einen Konsens darüber geben muss, welcher Art die Erkrankung ist und wie Heilung möglich sein könnte. Das gilt natürlich auch für den Faktor Ort. Es hat wenig Zweck, zum Beispiel nach Lourdes zu reisen, wenn man nicht im tiefsten Inneren weiß, dass die konkrete Erkrankung der Kraft eines solchen Ortes zugänglich ist. Das hat, um es nochmals zu betonen, nichts mit Einbildung zu tun. Wer aus welchen Gründen auch immer nicht bereit oder in der Lage ist, die durch eine bestimmte Therapieform angebotenen Heilungskräfte anzunehmen und für sich zu nutzen, wird dies auch nicht können. Das gilt für magisches und göttliches Heilen ebenso wie für materielles.

Übertragen wir diese Aussagen jetzt einmal auf den mehr alltäglichen Fall, die Praxis oder Behandlungsräume eines Heilers. Nahezu jeder Mensch hat eine konkrete Vorstellung davon, wie eine Arztpraxis aussehen sollte. Wir erwarten die zum Handwerk gehörenden Geräte des Zahnarztes, des Augenarztes und so weiter. Wir erwarten auch ein meist nachlässig eingerichtetes Wartezimmer mit schrecklichen Zeitschriften und undefinierbaren Topfpflanzen, die Schwester am Empfang und so weiter. Ein freundlich eingerichtetes Wartezimmer mit einer gemütlichen Atmosphäre könnte uns zu der Annahme verleiten, dass der Arzt Anteil an seinen Patienten nimmt und möchte, dass sie sich wohl fühlen – das wäre sicher ein gutes Zeichen, es könnte aber auch andeuten, dass er ein einladendes Wartezimmer einfach als Umsatzbringer betrachtet.

Wie dem auch sei, in dem Augenblick, in dem wir die Praxis eines Heilers betreten, beginnt ein Ritual, dessen einzelne Komponenten Auswirkung auf die Heilung haben. Es macht einen Unterschied, ob der Heiler traditionell gekleidet ist, also ganz in weiß, oder eher in Jeans und T-Shirt daher kommt. Es macht auch einen Unterschied, ob Bilder an der Wand hängen oder eher Poster mit Abbildungen mehr oder weniger angegriffener menschlicher Körperteile, ob irgendwelche Gerätschaften griffbereit herumliegen, ob viel Technik mit Schaltern, blinkenden Lämpchen und Bildschirmen zu sehen ist, oder eher nur der obligate Schreibtisch nebst Sessel und Stuhl. Die äußere Form ist weder gleichgültig noch eine Lappalie. Sie transportiert bereits Heilungskraft und gibt uns zu verstehen, auf welche Weise der Heiler an seine Aufgabe herangeht. Die meisten Menschen reagieren unbewusst auf diese Signale, aber sie tragen in jedem Fall viel dazu bei, ob ein Konsens und eine Atmosphäre des Vertrauens (auf Heilung) entstehen oder ob wir uns eher wie in einem neutralen Reparaturbetrieb fühlen.

So weit sind diese Dinge einfach. Wie steht es aber, wenn wir zu einem Schamanen, einem Geistheiler, einer Hexe oder einem Magier gehen? Was erwarten wir und vor allem, welchen Kräften sind wir ausgesetzt? Menschen neigen dazu, in allem Unbekannten Möglichkeiten zu vermuten, die wir im Bekannten nicht erfahren haben. Außerdem lässt sich das Unbekannte nicht einschätzen, weil wir keine Erfahrungen damit gesammelt haben.

Jeder kompetente Heiler beherrscht sein Handwerk und ist in der Lage zu erklären, warum und wofür sein Handwerkszeug benötigt wird. Das gilt für einen Computertomografen ebenso wie für Binderunen, Kristalldrusen, Bärenfelle und so weiter. Natürlich wird niemand von uns wirklich verstehen, wie ein Computertomograf im Einzelnen funktioniert, ebenso wenig wie eine Binderune oder eine Schamanentrommel – das ist Sache der Spezialisten. Aber es ist Aufgabe des Heilers, verständlich zu machen, wofür sein Handwerkszeug benutzt wird und welche Auswirkungen seine Benutzung haben werden oder haben könnten.

Als Laie kann der Heilung Suchende eigentlich nur in sich hineinschauen und herausfinden, ob die Person des Heilers in ihm das Vertrauen auf handwerkliche Kompetenz erweckt. Dieses Vertrauen muss nicht vage sein. Auch magisches und göttliches Heilen ist nicht geheimnisvoll (wir verstehen höchstens nichts davon) oder beliebig, denn auch hier gibt es Regeln und handwerkliche Verfahren.

In mir würde zum Beispiel ein Heiler gleich welcher Art, der die Gerätschaften seiner Behandlungsmethoden um sich herum aufgebaut hat, eher Misstrauen erwecken, weil ich das Gefühl hätte, dass er entweder viel zu schnell „handgreiflich" wird, statt sich zuerst mit mir zu beschäftigen, oder aber dass er damit eine innere Unsicherheit verrät, die er durch seine Gerätschaften überdeckt. Das kann man aber auch ganz anders deuten. Es geht hier nicht um richtig oder falsch, sondern nur darum, was jeder für sich aus den Dingen macht. Was mich abschreckt kann den Nächsten begeistern – und wir können beide Recht haben, weil es eben um das individuelle Verhältnis zwischen Heiler und Patient geht, das sich keinesfalls verallgemeinern lässt.

Glücklicherweise gibt es noch einige andere Anhaltspunkte, nach denen wir uns bei der Auswahl eines Heilers richten können. Da es dabei aber immer um das persönliche Verhältnis zwischen Heiler und Patient geht, ist die „objektivierbare" Kompetenz nur ein Teil des Urteils.

Die Person des Heilers

Misstrauen Sie Heilern, die sich für alles kompetent fühlen. Wer nie delegiert, leidet an maßloser Selbstüberschätzung. Natürlich kann jeder Heiler etwas zu jeder Heilung beitragen, aber es ist ja inzwischen mehr als deutlich geworden, dass je nach Erkrankung und auch je nach persönlichem Verhältnis zwischen Heiler und Erkranktem unterschiedliche Wege optimal sein können.

Deshalb auch: Misstrauen Sie Heilern, die Ihnen davon abraten, auch noch andere Hilfe zu suchen. Oft ist es vorteilhaft, eine Heilung von zwei oder sogar drei Ebenen aus (Körper, Geist und Seele) anzugehen – und kein Heiler kann Spezialist für dies Alles sein!

> Es ist allzu menschlich, sich selbst zu überschätzen und nicht nur Mediziner tun das jeden Tag. Es gibt zahllose Statistiken, die uns zeigen, wie viele Operationen und medikamentöse Therapien wirkungslos, überflüssig oder sogar schädlich sind. Solche Statistiken gibt es für magisches und göttliches Heilen nicht. Das beweist aber nicht, dass es auf diesen Gebieten anders und vor allem besser zu geht!

Hier muss ich das eigentliche Thema noch einmal verlassen, um ein weit verbreitetes Missverständnis auszuräumen: Zu den magischen und göttlichen Heilmethoden höre ich oft: „Na ja, auch wenn es nicht hilft, schaden kann es nicht, also probiere ich es einfach mal aus." Die Annahme, dass es Heilmethoden ohne Risiken und Nebenwirkungen gibt, ist schlicht falsch!

Ganz davon abgesehen, dass eine falsche oder wirkungslose Therapie oft genug die Anwendung einer geeigneteren verhindert, hat jedes Heilverfahren seine eigenen Risiken und Nebenwirkungen. Als ich noch in Berlin lebte, einer Stadt, in der mehr Dinge angeboten und ausprobiert werden, als an anderen Orten, kamen eine zeitlang regelmäßig Leute zu mir, die ein bestimmtes schamanisches Heilungsritual mitgemacht hatten, das immer wieder öffentlich angeboten wurde, bis die Behörden einschritten und es verboten. Diese Menschen litten alle unter ähnlichen Symptomen, einer Dissoziation ihrer Persönlichkeit, an akutem Realitätsverlust und anderen extrem starken Störungen, die sie in psychologische und psychiatrische Behandlung gedrängt hatten. Diese Störungen waren die unmittelbare Folge des schamanischen Rituals, das – wie mir sehr schnell aus den Berichten der Betroffenen deutlich wurde – unsachgemäß durchgeführt wurde.

Anders als medizinische Maßnahmen haben magische und göttliche tatsächlich dann keine Risiken und Nebenwirkungen, wenn sie sachgerecht durchgeführt werden und tatsächlich im konkreten Fall angemessen sind. Anderenfalls jedoch können durchaus heftige Dinge geschehen. Ich will hier Niemandem einen Schrecken einjagen, aber ein verantwortungsvoller Umgang mit diesen Kräften ist unbedingt erforderlich – und auch das gehört mit in das Vertrauensverhältnis zwischen Heiler und Patient: Das Vertrauen darauf, dass der Heiler seine Arbeit ernst nimmt, sie beherrscht und sich selbst nicht überschätzt.

> Die erste Aufgabe eines Heilers besteht darin herauszufinden, welchen Beitrag zur Heilung er mit seinen Kräften und Methoden erbringen kann, welche anderen Therapien noch möglich oder indiziert sind und welche begleitenden Maßnahmen hilfreich sein könnten – und dies seinem Patienten auch mitzuteilen. Gestandene Schulmediziner werden das sicher nicht tun, weil sie fest davon überzeugt sind, dass es außerhalb ihres Gebietes keine Möglichkeiten des Heilens gibt. Alle anderen Heiler sollten jedoch dazu in der Lage sein, über den Rand ihrer eigenen Kompetenz hinauszuschauen und entsprechenden Rat zu geben.

Unabhängig von der Qualität des Heilers erfordert Heilung einen Konsens zwischen dem Heiler und seinem Patienten: Es muss eine Übereinstimmung über Art und Form von Diagnose und Therapie geben, sonst fehlt der Heilung die nötige Grundlage. Dieser Punkt ist außerordentlich wichtig! Natürlich kann man einfach etwas ausprobieren. Aber wie sollen sich unser Urvertrauen und unsere Heilungswartung in eine heilende Kraft umwandeln, wenn das Vertrauen in die wirkenden Kräfte, die angewandten Methoden und die Person und Kompetenz des Heilers nicht vorhanden ist? Kurioserweise ist Heilung trotzdem möglich, denn völlig unabhängig von dem, was in unseren Gedanken vorgeht kann „weiter unten" eine Bereitschaft zu glauben und zu vertrauen vorhanden sein, möglicherweise sogar eine innere Gewissheit, die sich in unserem Bewusstsein nicht spiegelt.

Viele Heiler des Magischen und des Göttlichen machen immer wieder die Erfahrung, dass gerade Skeptiker („Ich glaube zwar nicht an das, was Sie tun, aber ich bin hier, weil nichts Anderes hilft.") sehr gut auf diese Arten des Heilens ansprechen. Ich denke, in solchen Fällen hängt der Erfolg von dem Konsens zwischen Heiler und Patient ab. Das gegenseitige unausgesprochene Einverständnis schafft die Basis dafür, dass die Kräfte tatsächlich wirken können und nicht in dem Raum zwischen den beteiligten Personen verpuffen.

Ach ja, und die Preise: Heilung ist Dienstleistung und muss angemessen bezahlt werden. Die Preise für medizinische Leistungen ergeben sich aus der Struktur unseres Gesundheitswesens und lassen sich auf dem freien Markt vergleichen, weil es die GOÄ gibt, die Gebührenordnung für Ärzte. Für Heiler anderer Art gibt es keine Kostentabellen. Lassen Sie sich von Ihrem Gefühl der Angemessenheit leiten: Der Preis sollte eine faire Relation zu dem Zeit- und Materialaufwand des Heilers haben, niemals jedoch zum erwarteten oder versprochenen Erfolg!

Wer schwer krank und in seiner Lebensqualität stark beeinträchtigt ist, gibt gerne sein letztes Hemd für eine Heilung. Gerade in einer solchen Situation ist es wichtig, einen kühlen Kopf zu bewahren, denn die Preise eines Heilers sagen auch etwas über seine Person aus: Zu geringe Preise sprechen für mangelndes Selbstvertrauen des Heilers – und wenn der seinen handwerklichen und sonstigen Fähigkeiten nicht vertraut, wer sollte es dann sonst tun? Mondpreise dahingegen deuten auf maßlose Selbstüberschätzung und wahrscheinlich auch darauf, dass man sich den erwarteten (aber keinesfalls sicheren) Erfolg bezahlen lässt. Privatärzte rechnen heutzutage (2007) meist in der Größenordnung von 80.- bis 160.- Euro pro Stunde ab. Aufwendige diagnostische und therapeutische Apparaturen schlagen dabei gewöhnlich extra zu Buche. Warum sollte ein Heiler des Magischen und des Göttlichen weniger oder mehr für seine Dienstleistungen nehmen?

Ähnliches gilt für angebotene Heilmittel. Auch wenn sie aus juristischen Gründen gewöhnlich nicht so angepriesen werden, stellen Magnetfeldmatratzen, Entstörungsgeräte, exotische Kräutermischungen oder was auch immer, in den Augen des Käufers Heilmittel dar, die oft außerordentlich teuer sind. Auch hier sollte Transparenz herrschen. In den Anpreisungen ist gewöhnlich nur von den möglichen Wirkungen die Rede, an denen sich dann wohl auch der hohe Preis orientiert. Viel seltener wird der potentielle Käufer darüber aufgeklärt, wo denn der Aufwand für Entwicklung, Material und Arbeit wirklich steckt.

Alles, was der Patient von seinem Heiler einkauft, alles was er an Heilmitteln erwirbt, sollte nach dem angemessenen Aufwand berechnet sein, und nicht nach der erhofften Wirkung. Nur so kann das erforderliche Vertrauensverhältnis zwischen Heiler und Patient entstehen und nur so können wir einigermaßen sicher sein, dass der Heiler seine eigene Rolle im Heilungsprozess auch richtig einschätzt!

Allerdings kann man die Dinge auch anders sehen: In einem Buch über javanische Heiler habe ich gelesen, dass der Preis für die Konsultation eines Wahrsagers ungefähr ein halbes durchschnittliches Jahreseinkommen beträgt. Deshalb legen Familien oft ihre bescheidenen Besitztümer zusammen, um einem von ihnen den Besuch des Wahrsagers zu ermöglichen. Das hat zwei Vorteile: Erstens verlernen die Menschen nicht das eigene Denken, weil sie nur in besonderen existentiellen Notlagen auf fremde Hilfe zurückgreifen werden. Zweitens wird ihnen so auf drastische Weise vor Augen geführt, welche Bedeutung dieser Schritt in ihrem Leben hat.

Fassen wir zusammen: Auf der praktischen Seite der Heilung besteht die Grundlage in dem Vertrauensverhältnis zwischen Heiler und Patient. Dieses Vertrauensverhältnis ist sehr persönlicher Art und lässt sich deshalb auch nicht „objektiv" ermitteln. (Deshalb auch sollte jeder Heiler vor einer langwierigen und kostspieligen Behandlung ein preisgünstiges Vorgespräch ermöglichen, um zu überprüfen, ob dieses Vertrauensverhältnis tatsächlich vorhanden ist.)

Ausbildungsnachweise sind nicht automatisch der Beweis für Kompetenz. Es gibt gute und schlechte Ärzte (also solche mit kleineren und mit größeren Heilerfolgen) und es gibt gute und schlechte Heiler anderer Art. Viele Empfehlungen, volle Wartezimmer und ein guter persönlicher Eindruck zählen hier wahrscheinlich mehr als mit Diplomen gepflasterte Wände.

- Und darauf läuft es letzten Endes hinaus: Vertraue ich dem Heiler und den von ihm angewandten Methoden oder tue ich das nicht? Solange wir uns von der Hoffnung auf Heilung nicht den Blick vernebeln lassen und bereit sind genau hinzuschauen, werden wir den passenden Heiler finden, auch wenn es möglicherweise einige Versuche braucht.

Ich möchte hier einfach ein paar Überlegungen anführen, die für mich wichtig sind, um einen Heiler zu finden. Das heißt allerdings nicht, ich möchte das hier nochmals ausdrücklich betonen, dass sie auch für einen anderen Menschen hilfreich sein müssen!

Zunächst einmal misstraue ich Heilern, die sehr „wolkig" und unpräzise sind, vor allem solchen, die von Schwingungen oder Quanten reden und offensichtlich keine Ahnung von Physik haben. Wer magisches oder göttliches Heilen praktiziert, sollte wissen was er tut und nicht nach pseudo-wissenschaftlichen Erklärungen suchen, denn das spricht dafür, dass er sich mit seinen eigenen Methoden nicht wirklich auskennt.

Dann misstraue ich auf dem Gebiet des magischen und göttlichen Heilens allen neuen Methoden. Seit nunmehr ungefähr vierzig Jahren beschäftige ich mich mit diesen Themen (historisch, wissenschaftlich und magisch) und habe immer wieder festgestellt, dass die Menschen in den 30.000 Jahren (oder mehr) ihrer relevanten Geschichte alle magischen und göttlichen Heilungsmethoden zumindest im Prinzip gefunden und verfeinert haben. Sie wussten mehr darüber als wir und es ist mehr als unwahrscheinlich (allerdings nicht unmöglich) auf diesem Gebiet etwas grundlegend Neues zu entdecken. – Auf der materiellen Ebene der Wissenschaft trifft das nicht zu, denn die Wissenschaft ist jung und weiß über die Funktionsweise des Körpers immer noch relativ wenig.

Ganz besonders misstraue ich Moden: Eine Zeitlang waren Geistführer und Channeling modern, dann kamen die Engel und ihre Kräfte, und morgen wird es wieder etwas Anderes sein. Ich will damit nichts gegen die jeweilige Sache an sich sagen, aber je größer die Modewelle, desto mehr Trittbrettfahrer sind am Werk und desto schwieriger wird es, die Spreu vom Weizen zu trennen.

Vor allem misstraue ich jenen Esoterikern, denen man hin und wieder auf einschlägigen Veranstaltungen, aber auch auf ansonsten völlig unverdächtigen Partys begegnet, die einen unvermutet hinterrücks anspringen, mit irgendwelchen Kristallen oder Pendeln wedeln, und Heilung für alle möglichen Dinge aufdrängen, die ich wahrscheinlich gar nicht habe.

Soweit meine Negativ-Liste. Die Positiv-Liste ist wesentlich kürzer – aber genau so wichtig:

Ein Mensch, der Urvertrauen und Vertrauen in sich, die Welt und andere Menschen ausstrahlt, der (soweit sich das von außen betrachtet, beurteilen lässt) mit sich im Reinen ist und in sich selbst ruht, wer zufrieden scheint, dem würde ich eher vertrauen als Anderen.

Wer selbst so gesund ist, wie die äußeren Umstände es zulassen, oder wer mit seiner (möglicherweise erblichen, chronischen oder sonstigen) Krankheit so umgeht, wie ich es in Kapitel 12 beschrieben habe, kann auch mein Vertrauen erlangen.

Wer kompetent und sachkundig über seine Arbeit berichten kann, hat ebenfalls einen Vertrauensbonus. Hier gilt ganz besonders, dass auch magische und göttliche Heilmethoden nicht beliebig sind. Ich muss nicht unbedingt bis in die Einzelheiten verstehen, was ein anderer Spezialist von seinem Fachgebiet berichtet, aber es sollte in sich schlüssig sein und vereinbar mit anderen Fachgebieten, es sollte nicht auf Pseudo-Erklärungen beruhen (denn das zeigt nur, das der Betreffende seine Arbeit selbst nicht verstanden hat) und was er sagt, sollte bei mir auf eine Resonanz stoßen, damit das erforderliche Vertrauensverhältnis entstehen kann.

Ich muss ganz ehrlich sagen, dass ich nicht viele Heiler kenne, denen ich mich vorbehaltlos anvertrauen würde. Das gilt für Mediziner ebenso wie für die Praktiker des Magischen und des Göttlichen. Es wird auf allen Gebieten Nieten und Scharlatane geben, es wird gute Handwerker geben – aber immer nur wenige Könner und Meister ihres Fachs. Und man sollte sich damit abfinden, dass für das Durchschnittliche das Durchschnittliche genügt, für das Schwierige und Seltene aber nur das Besondere, das genau deshalb besonders ist, weil es sich nur schwer finden lässt.

Kapitel 14

Der wahre Heiler bist Du selbst

Letzten Endes ist jede Heilung eine Selbstheilung. Heiler jeder Art, Mediziner ebenso wie Hexen, Schamanen und Priester geben Hilfe zur Selbsthilfe, die durchaus manchmal ziemlich überflüssig, oft aber auch dringend nötig ist. Seien es Pillen, operative Eingriffe, Rituale oder Gebete in welcher Form auch immer: Das Selbst kann nur gesunden, wenn es dies wirklich will, zulässt und vor allem mit eigenen Kräften unterstützt.

Die heute weit verbreitete Vorstellung von Heilung als Reparatur stammt natürlich aus dem materialistischen Bild der Schulmedizin. Wer dieses Bild aber bewusst oder unbewusst auf die Gebiete des magischen oder göttlichen Heilens überträgt, hat den Misserfolg bereits vorprogrammiert. Die Heiler (Hexen, Schamanen, Priester) sind keine Wunderwirker. Ihre Arbeit folgt festen Regeln mit bestimmten Möglichkeiten und Unmöglichkeiten. Sie ist auch mit der menschlichen Fehlbarkeit behaftet.

Wunder können wir nur erbitten. Ob sie gewährt werden liegt weder in unserem Ermessen, noch können wir irgendetwas dazu beitragen, dass es geschieht. – Außer natürlich, uns durch unseren Glauben, unser Urvertrauen dafür bereit zu machen, dass es geschehen kann.

Vom Wunder einmal abgesehen, das wir in keiner Weise beeinflussen können, erfordert jede andere Art der Heilung unsere aktive Mitarbeit, sie fordert Körper, Geist und Seele, unseren Willen und unsere Bereitschaft, sie bedingt, dass wir uns auf die Kräfte des Magischen und des Göttlichen in der Welt einlassen und sie so annehmen, wie sie nun einmal sind.

Dafür sind wir letzten Endes ausschließlich selbst verantwortlich, Heiler können uns dafür nur Hilfestellungen geben. Ob die Kräfte in uns wirken, entscheiden wir in den Punkten, an denen wir sie beeinflussen können, alleine. Deshalb heißt es ja auch, dass im Prinzip jede Krankheit heilbar ist, vorausgesetzt, die vereinten Kräfte des Heilers und des Heilung Suchenden reichen dafür aus.

Die Mitwirkung des Patienten an der Heilung

In der materiellen, medizinischen Heilung scheint eine gewisse Zwangsläufigkeit zu stecken: Wir nehmen zum Beispiel eine chemische Substanz zu uns, die in unserem Körper zwangsläufig bestimmte biochemische Prozesse auslöst. Also findet die Heilung zwangsläufig statt. – Sollte man meinen. Tatsächlich ist das aber keineswegs der Fall. Die großen Unterschiede in den medizinischen Heilerfolgen hängen natürlich erst einmal von der Richtigkeit der Diagnose und der Treffsicherheit der ausgewählten Therapie ab. Davon ist hier aber gar nicht die Rede, sondern davon, dass selbst dann, wenn alle handwerklichen Voraussetzungen erfüllt sind, der Heilungserfolg sehr unterschiedlich ausfallen kann.

Zum Einen hat das damit zu tun, dass der Mensch, auch wenn man nur seinen Körper betrachtet, ein unglaublich komplexes System darstellt, dessen Funktion von der Wissenschaft noch lange nicht wirklich verstanden wird. Zum anderen spielt ja der Gesamtzustand des Menschen eine Rolle und nicht nur das isolierte Phänomen Krankheit. Es kommt ja dann noch hinzu, dass der Mensch eben nicht nur aus seinem Körper besteht, sondern auch aus Geist und Seele.

Daraus müssen wir schließen, dass der Heilungserfolg auch bei einer medizinischen Behandlung vom Zusammenspiel dieser drei Teile abhängt. Auf die Spitze getrieben, können wir sagen: Eine rein medizinische Heilung wäre nur dann von gleichmäßigem, wiederholbarem Erfolg gekrönt, wenn ausschließlich der Körper von der Erkrankung befallen wäre. Nach allem, was wir bisher in Erfahrung gebracht haben, müssen wir schließen, dass das so gut wie nie der Fall sein wird. (Ebenso selten wird eine ausschließliche Erkrankung von Geist oder Seele auftreten.)

Das heißt: Wenn unser Selbst sozusagen nur seinen Körper hinhält, um machen zu lassen, sind die Heilungsaussichten in jedem Fall geringer, als sie es sein könnten. Nun haben wir aber gesehen, dass der Glaube an die Möglichkeit der Heilung eine wichtige Rolle spielt. Ist dann nicht der Glaube an die Wirksamkeit des Medizinbetriebs ein genügend großer Faktor, um Heilung möglich werden zu lassen? Das trifft in der Tat zu, denn sonst gäbe es den Placeboeffekt nicht!

Dennoch müssen wir selbst noch einen aktiven Beitrag zur Gesundung leisten, um das Heilungspotential wirklich auszuschöpfen. Damit ist zunächst einmal völlig banal gemeint, dass wir die Ratschläge des Arztes (weniger Essen, Trinken, Rauchen, Sport treiben, Stress abbauen – was auch immer) tatsächlich beherzigen sollten, denn ohne diese unsere Mitwirkung an der Heilung wird sie nicht geschehen oder nur kurzfristigen Erfolg haben.

Eigentlich geht es aber um noch etwas ganz Anderes, das ich an einem schamanischen Beispiel erläutern möchte: Wenn ein Schamane eine „Seelenrückführung" (im Sinne der Selbst-Seele – siehe Kapitel 1) als Heilungsritual durchführt, dann legt er immer allergrößten Wert darauf, dass der Patient sich erst einmal zu einem „schöneren Ort" macht, in dem die verlorene (Selbst-)Seele oder das Seelenteil sich auch wohl fühlen kann. Geschieht das nicht, so wird die Seele oder das Seelenteil nicht lange bleiben, sondern das Selbst des Erkrankten unweigerlich wieder verlassen. Nun kann niemand ein anderes Selbst zu einem schöneren Ort machen, das kann jeder nur für sich selbst – natürlich mit der Hilfe der Handwerker des Materiellen, des Magischen und des Göttlichen.

Bei einer Rückführung des verlorenen Teils der Selbst-Seele beginnt die Gestaltung des schöneren Ortes gewöhnlich durch die Arbeit mit der Seele (ihren verbliebenen Anteilen), dem Geist, dem Körper und dem gesamten Umfeld, doch wenn die Zeit für das Ritual gekommen ist, tragen auch die äußerliche Gestaltung des Ortes, die rituellen Waschungen und die neue Bekleidung wesentlich zum potentiellen Gelingen der Heilung bei.

Ich habe schon des Öfteren erlebt, dass Seelenrückführungen (der Selbst-Seele) mehr oder weniger zwischen Tür und Angel gemacht werden, ohne tief greifende Vorbereitungen – aber so kann das nicht funktionieren.

Übrigens sollte ich hier anmerken, dass Seelenverlust oder Seelenteilverlust eine „klassische" schamanische Diagnose ist, die allerdings sehr differenziert ausfällt. Zu konstatieren, jemand habe einen Teil seiner Seele verloren, genügt nicht! Welchen Teil? Warum? Wann? Welches Ungleichgewicht ist daraus entstanden? Ist die „Lücke" sauber oder hat sich Anderes hineingesetzt? Wer hatte noch Anteil an dem Verlust? Wohin ist das Seelenteil gegangen? – All dies muss abgeklärt sein, bevor an ein Heilungsritual überhaupt nur gedacht werden kann. Dann das Ritual selbst: Es beginnt mit der Arbeit an Körper, Geist und Seele, um den Ort vorzubereiten und gipfelt erst ganz zum Schluss in der eigentlichen Seelenrückführung!

Muss ich da noch darauf hinweisen, dass in einer Seelenrückführung keine Heilungsautomatik steckt, sondern harte, meist langwierige Arbeit aller Beteiligten – insbesondere des Erkrankten, ohne dessen aktive Mitwirkung gar nichts geschehen kann?

Kehren wir nochmals zum Ausgangspunkt zurück: Ich habe Kopfschmerzen, nehme eine Tablette mit dem entsprechenden Wirkstoff und die Kopfschmerzen verschwinden oder lassen zumindest nach. Das scheint ein einfacher Prozess zu sein, der sogar manchmal funktioniert. In den meisten Fällen stellt sich Heilung aber als ein komplexerer Prozess dar, an dem der Erkrankte den wesentlichen Anteil hat.

Der seelische Beitrag

Der Beitrag zur Heilung auf seelischer Ebene besteht in der Mobilisierung des Urvertrauens. Wie wir aber schon mehrfach gesehen haben, lässt sich Urvertrauen nicht einfach mal schnell erzeugen. Vielmehr entsteht es aus unserem Leben, und zwar aus genau den Teilen unseres Lebens, für die wir selbst verantwortlich sind. Mobilisieren lässt es sich im akuten Fall jedoch, eben soweit es vorhanden ist, durch die Hinwendung zum Göttlichen in der Welt, was auch immer der Einzelne darunter verstehen mag: das Gebet an Gott oder die Götter, mystische Versenkung, Kontemplation des göttlichen Anteils der Welt, aktive religiöse Rituale, sofern man in seinem Glauben darüber verfügt, Gespräche mit „Seelsorgern". (Interessanterweise hat das Bundesverfassungsgericht in seinem Geistheiler-Urteil das Geistheilen als überwiegend seelsorgerische Tätigkeit definiert.)

All das festigt das in uns vorhandene Urvertrauen, bahnt den Weg für die Freisetzung seiner Wirkung und bildet – sofern wir so gestrickt sind – die Basis für unsere Bitten an die Götter um die Wirkung eines Wunders.

Es dürfte wohl ohne weiteres deutlich sein, dass wir hier ausschließlich selbst gefragt sind. Natürlich können wir uns helfen lassen, aber ohne unsere eigene Anstrengung wird auf diesem Gebiet nicht viel geschehen können.

Der geistige Beitrag

Das Urvertrauen ist der Beitrag unserer Seele zur Heilung. Auf seiner Basis formt der Geist die primäre Heilungserwartung. Zu der konkreten Heilungserwartung gehören der Kontakt mit einem Heiler, die Diagnose und die Bestimmung einer geeigneten Therapie. Dann muss sich die äußere Form der Behandlung finden, das magische Ritual, der Umgang mit den Geistern der Wesen und den (magischen) Kräften der Welt – und in dieser äußeren Form manifestiert sich die Kraft der Heilung. Aus der inneren Übereinstimmung zwischen dem Heiler und dem Patienten über die Gültigkeit und Wirksamkeit der äußeren Form ist die konkrete Heilungserwartung entstanden, die erst das tatsächliche Fließen der Kräfte ermöglicht.

Wer glaubt „Der Schamane wird es schon richten" befindet sich dabei ebenso auf dem Holzweg wie derjenige, der sich ausschließlich auf den Reparaturbetrieb Medizin verlässt.

> Erst der Dreiklang von Urvertrauen, primärer und konkreter Heilungserwartung macht Heilung möglich. Das Urvertrauen, seine Kraft und seine Stärke liegt ausschließlich in uns, die Heilungserwartung entsteht ausschließlich in uns, erst danach folgt die Zuständigkeit des Heilers für die äußere Form, die als letzten Schritt die Kräfte der Heilung zum Fließen bringt und es ermöglicht, dass auch die Kräfte Anderer (des Heilers, der Anderswelt-Wesen, anderer Menschen, usw.) mit in die Heilung einfließen können.

Wir sehen also, dass auf seelischem und geistigem Gebiet unsere aktive Mitwirkung an der Heilung unerlässlich ist. Können wir uns denn nun wenigstens auf der körperlichen Ebene zurücklehnen und andere einfach machen lassen?

Der körperliche Beitrag

Eigentlich sollte nun deutlich sein, dass wir auch auf der körperlichen Ebene unseren aktiven Beitrag zur Heilung leisten müssen.

Natürlich: Die Notfallmedizin wird spätestens dann ohne unsere Mitwirkung auskommen müssen, wenn wir bewusstlos sind. Der Chirurg würde sich bei der Behandlung unseres Beinbruchs gewaltig und völlig zu Recht gestört fühlen, wenn wir ihm unsere aktive Mithilfe anbieten würden. Aber spätestens dann, wenn sich die Anfangserfolge eingestellt haben, sollten wir auch körperlich aktiv werden, indem wir die Therapieregeln einhalten, vorgeschlagene Rehabilitationsmaßnahmen durchführen, gegebenenfalls unsere Lebensführung ändern – und so weiter.

Außerdem können wir noch aktiv werden, indem wir zusätzlich Heilung auf magischem oder göttlichem Gebiet suchen, um unsere Heilungserwartung zu stärken und die Heilungsaussichten zu verbessern.

Nur dann, wenn wir tatsächlich fest und unverbrüchlich glauben, dass es außer dem Materiellen nichts in der Welt gibt, können wir uns wenigstens hin und wieder mal einfach zurücklehnen und andere machen lassen. Wenn wir aber wissen, dass unser Selbst aus Körper, Geist und Seele besteht und dass diese drei Ebenen unauflöslich miteinander verwoben sind, solange wir leben, dann wissen wir auch, dass wir unseren Beitrag zur Heilung leisten müssen, soweit uns dies in der akuten Situation möglich ist, und dass wir durch unser Leben präventiv für die inneren Voraussetzungen des Heil-Seins und Wieder-Heil-Werdens verantwortlich sind.

Wir alle sind den Fährnissen der Welt ausgesetzt und deshalb kann auch überhaupt keine Rede davon sein, dass wir an einer Krankheit immer „selbst schuld sind". Es kann auch keine Rede davon sein, dass eine Heilung nur von uns selbst abhängt! Aber ohne unseren eigenen aktiven Beitrag werden uns Krankheiten oder Ungleichgewichte öfter ereilen, ohne diesen Beitrag wird Heilung nicht stattfinden oder weniger gut oder langsamer vonstatten gehen.

Das klingt so, als müssten wir uns ständig unser Leben lang abmühen, um gesund zu bleiben und im Falle einer Erkrankung schnell wieder gesund werden zu können. Das stimmt so aber eigentlich nicht, denn die Voraussetzungen für ein gesundes Leben sind zugleich die Voraussetzungen für ein zufriedenes und erfülltes Leben – und das wünschen wir uns doch alle!

Allerdings hat sich unsere Gesellschaft so entwickelt, dass ein zufriedenes und erfülltes Leben nicht immer und ohne weiteres zu haben ist und zwar schon allein deshalb, weil uns oft genug Ziele als erstrebenswert vorgegaukelt werden, die nicht wirklich zu Zufriedenheit und Erfüllung beitragen. Doch das zu sehen und für uns zu ändern ist Teil unserer Lebensaufgabe.

Kapitel 15

Heilung ist die Versöhnung des Selbst mit der Welt

Kann ein Mensch, der mit einer Behinderung oder einer chronischen Erkrankung zur Welt kommt, heil sein oder heil werden? Oder kann ein nach seiner Selbsteinschätzung gesunder Mensch tatsächlich krank sein?

Heil-Sein heißt, mit sich und der Welt im Reinen sein, die Dinge leben, wie sie sind, ändern, was geändert werden kann und hinnehmen, was außerhalb der Reichweite unserer Kräfte ist. Heil-Sein heißt, im Einklang mit dem Großen Muster leben, mit Sinn und Bedeutung der Welt und der eigenen Existenz eins sein und das Potential des Selbst als Einheit von Körper, Geist und Seele leben.

Deshalb kann wirkliche Heilung gleich welcher Art nie nur ein Reparaturbetrieb sein – das wäre nichts als Symptomkosmetik. Versöhnung des Selbst mit der Welt und dazu die Behandlung des aktuellen Ungleichgewichts der Kräfte des Heil-Seins – das ist Heilung. Und wenn wir diese Art der Heilung im modernen Medizinbetrieb nicht mehr finden, dann sollten wir sie ganz bewusst in den anderen Bereichen suchen, bei Hexen, Schamanen und Priestern.

Erbliche Erkrankungen und Karma

Es ist nun einmal eine Tatsache, dass eine relativ große Anzahl Menschen mit erblich oder durch Fehler bei der Geburt bedingten Erkrankungen oder Defekten zur Welt kommen. Natürlich können wir, vor allem die Betroffenen selbst, deshalb die Ungerechtigkeit der Welt bejammern oder nach den unerforschlichen Ratschlüssen Gottes fragen. Viele glauben an ein lebensübergreifendes Schicksal in dem Sinne, dass die „Missetaten" eines Lebens in Form einer Strafe im nächsten Leben ausgeglichen werden müssen. In diesem Fall wären die Betroffenen doppelt gestraft: Sie hätten die Last ihrer Erberkrankung zu tragen und die innere Gewissheit, in einem früheren Leben schreckliche Dinge getan zu haben.

Ich kann hier nur feststellen, dass ich an diese Art Schicksal nicht glauben kann, weil Beobachtungen und Erfahrungen dagegen sprechen, dass es sich so verhält, aber bis auf einen Satz muss dieses Thema einem späteren Buch vorbehalten bleiben.

Es gibt in der Tat Familienschicksale, Eltern geben ihren Kindern nicht nur durch die genetische Vererbung Krankheitsdispositionen oder tatsächliche Erbkrankheiten mit. Durch die soziale Vererbung, also das beispielhaft vorgelebte Leben, „erben" die Kinder auch Verhaltensmuster und Denkweisen, die für Erkrankungen der unterschiedlichsten Art anfällig machen oder direkt zu meist psychischen Erkrankungen führen. Wenn also von einer Art Karma gesprochen werden kann, dann zuerst an dieser Stelle.

Durch die soziale Vererbung weiter gegebene Ungleichgewichte oder Erkrankungen lassen sich im Leben eines Menschen auflösen, so dass wir theoretisch die Möglichkeit haben, diesen Teil von uns zu ändern. Genetisch vererbte Erkrankungen oder Geburtsdefekte bleiben uns jedoch gewöhnlich ein Leben lang erhalten und wir können nur lernen, uns mit ihnen zu arrangieren und ein so erfülltes Leben zu führen, wie es diese äußeren Einschränkungen zulassen.

Das ist wenig Trost für Menschen, die vom ersten Tag ihres Lebens an heilerische Betreuung und Zuwendung brauchen, um überhaupt überleben zu können und es ist auch wenig Trost für die Angehörigen, insbesondere die Eltern, die sich möglicherweise die Schuld am Zustand ihres Kindes selbst zuschreiben.

Und dennoch lässt sich nicht mehr dazu sagen als: „Krempeln wir die Ärmel auf und machen das Beste daraus – und wenn das Beste einmal nicht möglich ist, dann eben das Bestmögliche!". Wer mit der Welt hadert und sich am Schicksal reibt, gelangt schnell zum Leiden am Leiden, das als zusätzliche Erkrankung oder als aufgesetztes Ungleichgewicht die Dinge noch schlimmer macht, als sie ohnedies schon sind.

Die Olympiade der Behinderten ist ein wunderbares Beispiel dafür, was Menschen trotz ihrer gesundheitlichen Einschränkungen aus ihrem Leben machen können. – Oder der bekannteste theoretische Physiker der Welt, Hawkins, der seit etlichen Jahren unbeweglich im Rollstuhl sitzt und nicht einmal mehr sprechen kann. Die Liste der Beispiele ließe sich nahezu unbegrenzt verlängern. Dagegen steht allerdings auch die Liste derjenigen, die in ihrem eigenen Leid versinken und keine Anstrengungen unternehmen, um das Bestmögliche aus ihrem Leben zu machen.

Wenn Heil-Sein ein Zustand des inneren Gleichgewichts und der Zufriedenheit mit der Welt und dem eigenen Leben ist, dann ist er auch für diejenigen möglich, die ihr Leben im Rahmen der ihnen gesetzten Grenzen ausfüllen. Ein Mensch, der im landläufigen Sinn gesund ist, sollte nicht die Maßstäbe und Möglichkeiten seines Lebens an das Leben eines „Behinderten" anlegen – und umgekehrt natürlich auch nicht. Jedes Leben ist einmalig und wir sind ausschließlich selbst dafür verantwortlich, es in den uns gesetzten Grenzen zu unserer größtmöglichen Zufriedenheit auszufüllen. Deshalb sind Mitleid und Bedauern auch völlig fehl am Platz. Anteilnahme und Mitgefühl, vor allem natürlich aktives Mitgefühl, das Hilfe gibt, wo Hilfe gebraucht wird, sind viel eher angemessen.

Das Alter und der Tod

Das Leben, sagen manche Leute, ist die schlimmste aller Krankheiten, denn es führt als einzige mit absoluter Sicherheit zum Tod.

Wir kommen sozusagen in einem allmählichen Prozess auf die Welt und wir verlassen sie im Idealfall auf eine ähnliche Weise. So wie unsere Kräfte und Fähigkeiten erst nur als Potential vorhanden sind und sich im Laufe unserer Kindheit entfalten, so verlassen sie uns auch wieder, wenn wir uns dem Tod nähern.

Manche Menschen nehmen das zum Anlass, nihilistische Gedanken zu hegen und das Leben von Anfang an für nicht lebenswert zu halten. Andere sagen: „Der Tod ist Dein bester Ratgeber! Höre immer auf ihn und halte ihn in Deiner Nähe!" Dieser Spruch meint, dass es wichtig ist, die eigene Sterblichkeit zu akzeptieren und die Gewissheit des eigenen Todes tatsächlich vor Augen zu haben. Denn nur dann, wenn wir so leben, können wir die Kostbarkeit der Lebendigkeit in jedem Augenblick unseres Lebens schätzen, nur dann sind wir wirklich lebendig und nicht nur von einer inneren Bewegungsunruhe erfüllt, die uns den Augenblick nicht genießen lässt, weil wir mit unseren Gedanken, Wünschen und Erwartungen immer schon beim nächsten Augenblick angekommen sind.

Altersbeschwerden sind nicht heilbar und auch die zukünftigen, möglicherweise zu erwartenden Ergebnisse der Altersforschung werden den Tod und die ihm vorausgehenden Einschränkungen bestenfalls hinauszögern können. Deshalb bleibt uns auch nur, wiederum das Beste oder das Bestmögliche daraus zu machen, mangelnde Beweglichkeit vielleicht gegen Weisheit einzutauschen, Schnelligkeit gegen Gründlichkeit, aktiven Genuss gegen Freude an der Welt, vielleicht auch Zuwendung zur Welt gegen Zuwendung zu den Göttern und den andersweltlichen Dingen. Das Alles ist aber nur möglich, wenn wir rechtzeitig damit anfangen, den Tod wirklich als unseren Ratgeber zu betrachten. Wer das Bewusstsein der eigenen Sterblichkeit im Jugendlichkeitswahn unserer Gesellschaft solange wie irgend möglich beiseite schiebt, um dann eines Tages unverhofft damit konfrontiert zu werden, wird kein so gutes Ende nehmen, wie es sonst vielleicht möglich wäre.

Ob uns das Urvertrauen dazu führt, an eine wie auch immer geartete Existenz nach dem Tod, ein Leben nach dem Leben, an eine Wiedergeburt oder auch an nichts davon zu glauben, spielt dabei zunächst einmal keine Rolle. Das unausweichliche Ende des Lebens ist der Tod, das Erlöschen der individuellen Existenz. Selbst wenn wir daran glauben, dass sich mit unserem Tod unser Selbst unwiderruflich auflöst, können wir sogar dem Tod einen Sinn geben, wenn wir unser Leben sinnerfüllt leben, und lernen, dass wir durch unser Leben zur ständigen Schöpfung der Welt beitragen.

Die Versöhnung mit der Welt

Natürlich ist die Welt ungerecht, natürlich ist sie oft ziemlich schrecklich, natürlich ist die Gewissheit der eigenen Sterblichkeit nicht das, was wir uns schon immer gewünscht haben, natürlich gilt in der Welt das Gesetz von Fressen und Gefressen werden, natürlich fühlen wir uns nur gesund, weil wir auch krank sein können und es spätestens im Alter auch sein werden und so weiter und so fort. Die Liste ließe sich unbegrenzt fortsetzen – und sie ist nicht einmal falsch.

So gesehen haben wir nur zwei Möglichkeiten:

Entweder wir verzweifeln an der Welt und am Sinn unserer Existenz. Dann wird unser Leben ziemlich sinnleer in einem Zustand permanenten Ungleichgewichts verlaufen und somit auch den Erkrankungen Tür und Tor unseres Selbst öffnen.

Oder wir erkennen die uns durch die Welt und die Struktur unseres Selbst gesetzten Grenzen und füllen sie zu unserer Zufriedenheit bis an die Grenzen des Möglichen aus (und ein kleines Stück darüber hinaus). Zufriedenheit heißt, den Dreiklang von Seele, Geist und Körper wirklich leben, die Kräfte von Liebe, Lust und Tod erfahren und das Gleichgewicht zwischen Sinn und Unsinn, Spaß und Unfug und Sicherheit und Unsicherheit aktiv zu erhalten. Wenn es uns gelingt, diesen Zustand zu erreichen, dann werden wir uns heil und vollständig fühlen und Erkrankungen die kleinstmögliche Angriffsfläche bieten.

Sollte es uns dann doch einmal erwischen, besteht kein Anlass zur Verzweiflung: Fangen wir das Buch doch einfach noch mal von vorne an!

Nachwort

Dieses Buch ist Teil des Projekts „Megin-Tor", das unter Anderem aus mehreren Sachbüchern und Romanen besteht. Bisher sind außer diesem Buch, das Sie gerade in der Hand halten, bereits erschienen:

- Schamanische Ritualmusik und die Kraft der Klänge, Arun-Verlag, 2005
- Die Anderswelt-Reise – Praxisbuch Schamanische Reise, Arun-Verlag, 2005
- Die Herrin und der Sommerkönig, Arun-Verlag, 2006
- Runen Leben, Arun-Verlag, 2006

Mit diesem Buch über die Heilung startet eine neue Serie, in der als Nächstes erscheinen:

- Die Kraft der Rituale
- Die Kraft der Lust – Sexualität und Spiritualität

Weitere Bücher werden folgen und insgesamt ein Weltbild beschreiben, das ich die „Megin-Lehre" nenne, die Lehre von den drei Kräften. Die Megin-Lehre (Megin ist ein altnordisches Wort für Kräfte, innere Kräfte) baut auf dem auf, was unsere Vorfahren über die Welt wussten. Im Laufe der letzten vierzig Jahre habe ich versucht dieses Wissen zusammenzufassen, auf den heutigen Stand zu bringen, es mit unserem wissenschaftlichen Weltbild zu versöhnen und in eine Form zu gießen, mit der wir Menschen der Gegenwart tatsächlich etwas anfangen können.

Das Wissen um die Arbeit der Schamanen, Hexen und Priester und um dieses Weltbild der Megin-Lehre geben wir, meine Freunde und ich, in unseren Workshops, Seminaren und Vorträgen weiter.

Wer sich dafür interessiert, sollte sich meine Homepage anschauen:

www.megin-tor.de oder www.axun-edition.de

oder per Email mit mir Kontakt aufnehmen: axel@megin-tor.de.

Ich bemühe mich, alle Emails zu beantworten, auch wenn es manchmal ein wenig dauert. Seit fast 30 Jahren beschäftige ich mich mit dem Schamanismus und seit annähernd 40 Jahren mit den Traditionen unserer Vorfahren, insbesondere mit der Megin-Lehre und der Runenkunde.

Ich biete Workshops und Seminare zu diesen Themen an. Dabei ist die Beschäftigung mit der Vergangenheit, mit den Traditionen unserer Vorfahren weder zweckfreies Spiel noch nostalgische Verklärung der „guten, alten Zeit", die es in Wirklichkeit nie gegeben hat, sondern der Versuch, Wissen, Weisheit und Einsicht unserer eigenen Traditionen für uns heute Lebenden nutzbar zu machen. Wir wollen und können das Rad der Zeit nicht zurückdrehen! Aber wir können unser Leben bereichern, indem wir lernen.

In „esoterischen" Kreisen ist leider die Unsitte verbreitet, die Ratio und den Intellekt gering zu schätzen und nur auf die Dinge der nicht-alltäglichen Wirklichkeit zu achten. Diese Art des Umgangs mit der Welt ist zum Scheitern verurteilt, ebenso wie die rein „materielle" Sichtweise. Die Welt besteht in der Anschauung der Schamanen aus drei Elementen oder Ebenen, die unauflösbar miteinander verknüpft sind – und keine dieser Ebenen oder Elemente kann ohne die andere existieren.

Die Welt der Wissenschaft und des rational fassbaren ist die alltägliche Wirklichkeit, in der wir Menschen uns überwiegend bewegen. Die Welt der schamanischen Arbeit und anderer Arten des Umgangs mit den „Geistern und Kräften" ist die Welt der nicht-alltäglichen Wirklichkeit, die Anderswelt, und die Welt der Götter ist das Numinose. Wissen, Weisheit und Einsicht sind unsere menschlichen Möglichkeiten der Welterfahrung und wenn wir eine davon missachten oder gering schätzen, werden wir uns in der Welt nicht zurechtfinden.

Deshalb habe ich in diesem Buch auch immer großen Wert darauf gelegt, nach besten Kräften das, was wir im Sinne der Wissenschaft wissen können, von dem zu unterscheiden, was wir auf andere Art lernen können. Jedes andere Vorgehen führt nur zu Konfusion und zu einer Wischiwaschi-Haltung der Welt gegenüber, die kein Schamane schätzen würde.

Es gibt drei menschliche Erkenntnisweisen, die nicht miteinander vermengt werden können und dürfen – und jede davon ist auf ihre Weise präzise, überprüfbar und ebenso praktisch wie wichtig für den Umgang mit der Welt. Nur wenn wir in allen dreien gleich achtsam, wachsam und sorgfältig sind, können wir in jeder davon gute Arbeit leisten – und unser Leben schöner, reicher und spannender gestalten.

Ich danke meinen Freunden, die mir wie immer mit Rat und Tat zur Seite standen. Meinem Freund Björn für die geduldige Korrekturarbeit und seine Vorschläge für die Verbesserung der Diagramme, Dorothe für ihre Anregungen und Vorschläge zur Verbesserung des Manuskripts, Janine für ihre Verbesserungsvorschläge, die Überarbeitung und sorgfältige Schlussredaktion des Textes und Susanne für die Grundsatzdiskussionen, die mir das eine oder andere Licht aufgehen ließen.

Literaturhinweise

Bücher über Heilen, Heilung, Therapien und verwandte Themen gibt es wie Sand am Meer. Die meisten davon ähneln sich auch mehr oder weniger stark. Deshalb möchte ich hier – stellvertretend für viele andere – auch nur einige Titel auflisten, die mir typisch für die jeweilige Themengruppe zu sein scheinen. Außerdem habe ich einige Bücher hinzugefügt, die mir wichtig erscheinen, obwohl sie weniger bekannt sind als andere.

Zur Entstehung dieses Buches haben im Laufe von nahezu vierzig Jahren etliche Bücher indirekt beigetragen, die ich nicht alle aufzählen kann. Außerdem ist der größte Teil von ihnen schon lange vergriffen und schwer zugänglich. Deshalb nenne ich hier auch nur einige, die noch erhältlich oder im „zvab" (www.zvab.de = Zentralverzeichnis antiquarischer Bücher) zu haben sind.

Bücher über die Bedeutung von Krankheiten

Dahlke, Rüdiger, Krankheit als Sprache der Seele (12. Auflage), München 1997

Dethlefsen, Thorwald und Dahlke, Rüdiger, Krankheit als Weg (26. Auflage), München, 1990

Grof, Stanislav und Christine, Spirituelle Krisen, München, 1990

Bücher über alternative Therapien, Naturheilkunde, etc.

Bruch, Dr. med. Cordula (Hrsg.), Naturheilkunde, Köln, 2002

Grundlagen, Theorie, wissenschaftliches Denken

Eccles, John C., Wie das Selbst sein Gehirn steuert, München, 1994

Eccles, John, C. Die Psyche des Menschen, Das Gehirn-Geist Problem aus neurologischer Sicht, München, 1990

Eccles, John C., Die Evolution des Gehirns – die Erschaffung des Selbst, München, 2002

Eccles, John C. und Popper, Karl R., Das Ich und sein Gehirn, Heidelberg, London, 1977

Jaynes, Julian, Der Ursprung des Bewusstseins durch den Zusammenbruch der bikameralen Psyche, Hamburg, 1988

Popper, Karl R., Alles Leben ist Problemlösen, München, Zürich, (3. Auflage) 1994

Schrödinger, Erwin, Was ist ein Naturgesetz? Beiträge zum wissenschaftlichen Weltbild, München und Wien (3. Auflage), 1979

Sheldrake, Rupert, A New Science of Life, London, 1981

Sheldrake, Rupert, Das Gedächtnis der Natur, München, Wien, 1990

Medizin und Magie

Achterberg, Jeanne, Rituale der Heilung, München, 2001

Alber, Gregor, Gesellschaftliche Stellung und Aufgaben des Medizinmannes bei den Prärie- und Plainsindianern, Freiburg, 1993 (Dissertation)

Dossey, Larry, Die Medizin von Zeit und Raum, Hamburg, 1987

Krippner, Stanley und Scott, Patrick, Zwischen Himmel und Erde, Spirituelles Heilen der Schamanen, Hexen, Priester und Medien, 1987

Die Synchronizität

Koestler, Arthur, Die Wurzeln des Zufalls, Freiburg, 1974

Koestler, Arthur und Hardy, A. und Harvie, R., The Challenge of Chance, New York, 1973

Peat, David F., Synchronizität, Die verborgene Ordnung, Bern, München, Wien, 1987

Andere Quellen

Wer sich als Laie (so wie ich) über die aktuellen Entwicklungen auf dem Gebiet der Medizin auf dem Laufenden halten will, sollte unbedingt das „Spiegel"-Archiv konsultieren. Es gibt einige Dossiers und zahllose Einzelartikel, die hier hilfreich sind.

- Dossier: Gibt es einen freien Willen (Spiegel-Archiv)
- Dossier: Wissen wie der Geist funktioniert
- Dossier: Ich fühle also bin ich

Ich will hier nur einen Einzelartikel nennen, die online-Recherche im Spiegel-Archiv fördert noch vieles mehr zutage:

- Der Spiegel, 7.1.1994, Seite 196 ff., Wundersames Nichts (Ein ausführlicher Artikel über den Placeboeffekt)

Bücher des Autors

Meine Bücher hängen thematisch alle zusammen. Sie beruhen auf der Megin-Lehre und entstanden aus meiner Beschäftigung mit den Traditionen unserer Vorfahren und meinen Erfahrungen mit heute noch lebendigen schamanischen Kulturen.

- Schamanische Ritualmusik und die Kraft der Klänge, Arun Verlag, 2005
- Die Anderswelt-Reise, Arun Verlag, 2005 (2. Auflage 2007)
- Die Herrin und der Sommerkönig (Roman), Arun Verlag, 2006
- Runen Leben, Arun Verlag, 2006